The EarthWorks Group
Kinder machen 50 starke Sachen,
damit die Umwelt nicht umfällt

Die Autoren:

»The EarthWorks Group« existiert seit 1989 und ist eine Organisation von Schrift-stellern/innen, die sich den Umweltschutz zur Aufgabe gemacht haben. Ihr Gründer, John Javna, war vor seinem Engagement für diese Idee Aufsichtsbeamter in einer Goldmine in Oregon. Javna, der sich in den USA auch als Autor von Büchern über die Pop-Kultur einen Namen gemacht hat, veröffentlichte mit der EarthWorks Group eine Reihe weiterer Umweltbestseller, u. a. ›50 Simple Things You Can Do To Save The Earth‹, ›The Recyclers's Handbook‹, ›The Student Environmental Action Guide‹. John Javna lebt mit seiner Familie in San Francisco.

Die Illustratorin:

Birgit Thoenes wurde 1960 geboren und lebt in Hamburg. Nach dem Fachabitur (Richtung Gestaltung) übte sie mehrere Berufe aus, bis sie 1990 begann, Kinderbü-cher zu illustrieren. Seitdem gestaltete sie neben ›Kinder machen 50 starke Sa-chen . . .‹ noch einige andere Titel, u. a. ›Gummibärs Glück‹ von Uwe Wandrey.

The EarthWorks Group

Kinder machen 50 starke Sachen, damit die Umwelt nicht umfällt

Mit Illustrationen von Birgit Thoenes

Aus dem Amerikanischen von Burghard Bartos

Deutscher Taschenbuch Verlag

Titel der Originalausgabe: ›50 Simple Things Kids Can Do To Save The Earth‹,
erschienen bei Andrews and McMeel, A Universal Press Syndicate Company,
Kansas City, New York 1990

Ungekürzte Ausgabe
April 1993
Deutscher Taschenbuch Verlag GmbH & Co. KG, München
© 1990 John Javna
© der deutschsprachigen Ausgabe: 1990 Carlsen Verlag GmbH, Hamburg
ISBN 3-551-20921-9
Umschlaggestaltung: Celestino Piatti
Umschlagbild: Birgit Thoenes
Druck und Bindung: Kösel, Kempten
Papier: ›Lenza Top Recycling‹
Fa. Lenzing, Österreich
Printed in Germany · ISBN 3-423-79516-6

Das meiste Papier wird aus Holz hergestellt.
Holz ist ein Rohstoff.
Um ihn nicht zu verschwenden, kann man Papier auch aus Altpapier herstellen, sogenanntes Recyclingpapier.
Dieses Buch ist auf einem solchen Papier gedruckt, das aber nicht nur aus bereits benutztem Papier besteht, sondern auch besonders umweltfreundlich in einem sehr aufwendigen Verfahren hergestellt wurde. Dazu sind mehrere Reinigungs- und spezielle Aufbereitungsprozesse nötig. Es entsteht ein besonders helles Recycling-Papier, ohne daß umweltschädliche Chlorstoffe oder optische Aufheller zum Bleichen verwendet werden.
Dieses spezielle Recycling-Papier wird noch nicht sehr oft verwendet, aber immer mehr Verlage, Schulen und Verbraucher nutzen es und leisten damit einen erheblichen Beitrag zum Umweltschutz.
Denn daß es auch so geht, beweist dieses Buch, oder?

Inhalt

Nur für Kinder

Dieses Buch ist für euch.
Ihr könnt damit machen, was ihr wollt.
Ihr könnt es mit ins Bett nehmen.
Ihr könnt euch draufsetzen.
Ihr könnt es auf dem Kopf balancieren.
Natürlich könnt ihr es auch lesen. Hoffentlich tut ihr's.

Weshalb ich das Buch geschrieben habe? Neulich hab ich mich mit meinem Freund Gideon unterhalten. Er ist neun Jahre alt, und er hat etwas gesagt, da war ich platt.
Ich hab ihn gefragt, was er wohl denkt, ob Kinder die Umwelt schützen können. Und da hat er gesagt:»Ja, also . . . ähhh . . . also, ich weiß nicht.«
Ich hatte ja gehofft, er sagt:»Na klar!« Ich glaube, viele Kinder wissen gar nicht, was sie für die Umwelt tun können. Sie denken, sie sind machtlos. Stimmt aber nicht. Kinder haben eine Menge Macht.
Immer, wenn ihr etwas sagt, hören die Erwachsenen zu. Immer, wenn ihr euch um eine Sache kümmert, kümmern sich die Erwachsenen auch drum. Und immer, wenn ihr etwas tut, passen die Erwachsenen auf. Das sagen sie zwar nicht, aber das ist so. Wenn es für euch wichtig ist, die Umwelt zu retten, dann müssen die Erwachsenen mitmachen.
Dieses Buch gibt Beispiele, wie ihr mithelfen könnt, unseren Planeten Erde zu schützen. Eine Menge davon macht Spaß. Und auch ein bißchen Arbeit. Ihr könnt euren Eltern etwas davon beibringen. Und ihr werdet sehen, daß ihr etwas ändern könnt. Viel Spaß!

John Javna

Für Erwachsene

Wie Sie wahrscheinlich aus eigener Erfahrung wissen, haben wir Erwachsenen heute so große Schwierigkeiten, unsere schlechten Angewohnheiten zu überwinden, daß uns die einfachsten Sachen schon schwerfallen. Recycling, Wassersparen, Energiesparen, das Trennen des Hausmülls und Fahrgemeinschaften sind nur kleine Opfer, aber sicher gut für die Umwelt. Aber sie sind unbequem, und deshalb sträuben wir uns meist noch dagegen.

Kinder von heute können sich diesen Luxus nicht leisten. Wenn sie erwachsen sind, dann *müssen* ihnen alle diese kleinen Opfer zur zweiten Natur geworden sein. Sie werden direkt von den großen Problemen betroffen sein, von denen wir heute nur reden: Klimakatastrophe, Wasserverschmutzung, saurer Regen, Ozonloch . . .

Nach meiner Erfahrung sind Kinder nicht nur bereit, ihren Teil zu tun, sie sind sogar erpicht darauf. Aber sie brauchen Informationen, Ermutigung und vor allem das Gefühl, daß sie die Macht haben, etwas zu ändern. Gerade heute laufen wir Gefahr, daß Kinder mit dem Gefühl aufwachsen, die Umweltprobleme, vor denen wir stehen, sind zu groß, zu schwierig, unmöglich zu lösen. Kinder müssen hören und sehen, daß sie fabelhafte Dinge für die Umwelt tun können. Wir sollten ihnen alles beibringen, was wir selbst über den Umweltschutz wissen, ihre Aktionen unterstützen und uns daran beteiligen.

Während ich dies schreibe, erwarten meine Frau und ich unser erstes Kind. Noch zwei Wochen bis zur Geburt. Deshalb hat dieses Buch eine besondere Bedeutung für mich. Es soll ein Geschenk werden für unser Kind, ein Geschenk voller Zuversicht und hoffentlich für eine bessere Umwelt. Ich weiß, daß das ein Geschenk ist, was jeder von Ihnen seinen eigenen Kindern geben möchte.

Genau das können wir tun.

JOHN JAVNA
The Earth Works Group
März 1990

Was ist geschehen?

Saurer Regen

Wenn wir nach oben gucken, dann sehen wir die Wolken und den blauen Himmel. Aber da sind noch andere Sachen am Himmel, die wir nicht sehen. Manche sind gefährlich für die Umwelt.

Wenn zum Beispiel Kraftwerke Kohle verbrennen, um Strom zu erzeugen, wenn Autos Benzin verbrennen, dann werden dabei Gase in die Luft geblasen.

Die Gase steigen bis hinauf in die Wolken, wo sie sich mit Regen oder Schnee vermischen. Manche Gase machen den Regen sauer, genauso sauer wie Zitronensaft oder Essig. Und dann regnet die Säure mit dem Regen oder Schnee auf die Erde zurück. Das nennt man »sauren Regen«.

Saurer Regen ist sehr gefährlich für Pflanzen, Flüsse und Seen und auch für die Tiere, die darin leben. Er tötet sogar Bäume. Und er verschmutzt Tieren und Menschen das Trinkwasser. Hast du schon einmal etwas vom Waldsterben gehört: Viele Bäume und ganze Waldgebiete werden durch den sauren Regen zerstört.

Es ist sehr wichtig für uns, den sauren Regen zu stoppen. Eine gute Möglichkeit ist, weniger Auto zu fahren. Energiesparen ist auch sehr wichtig. Je weniger Energie wir verbrauchen, desto weniger Kohle oder Öl oder Gas müssen die Kraftwerke verbrennen.

Deine Familie kann auf viele Arten Energie sparen. Energiesparen heißt Umweltschutz. Wenn du wissen willst, was du tun kannst, dann schlag nach im Kapitel:
Energie verwenden – nicht verschwenden.

Luftverschmutzung

Vor 150 Jahren war die Luft noch klar und sauber – genau richtig zum Atmen für Menschen und Tiere auf der Erde.

Dann fingen die Menschen an, Fabriken zu bauen. Die Fabriken selber, aber auch viele Sachen, die dort hergestellt werden, bringen eine Menge schädlicher Gase in die Luft. Und dann fingen immer mehr Menschen an, Auto zu fahren. Heute haben viele Familien sogar mehrere Autos. Das bringt immer mehr Luftverschmutzung.

Die Luft an manchen Orten ist so verschmutzt, daß es gefährlich ist, sie einzuatmen! In einigen Städten auf der Erde gibt es manchmal Smogalarm. Das Wort Smog ist aus den englischen Worten »smoke« (= Rauch) und »fog« (= Nebel) zusammengesetzt. Smog entsteht, wenn die Abgase nicht in den Himmel steigen können, weil sie durch Nebel wieder heruntergedrückt werden.

Verschmutzte Luft ist nicht nur schlecht für Menschen und Tiere, sie ist auch schlecht für Bäume und andere Pflanzen. Und darum auch schlecht für das Obst, Gemüse und Getreide, das wir essen.
Deshalb ist es sehr wichtig für uns, die Luft sauberzuhalten, die wir atmen.
Jeder kann mithelfen! Das macht sogar Spaß. Du kannst einen Baum pflanzen, du kannst Fahrrad fahren und über einen Brief an die Zeitung auch andere Leute dazu auffordern. Wenn du noch mehr darüber wissen willst, wie man die Luft sauberhält, lies einfach weiter.

Wie die Tiere aussterben

Jeden Tag werden es mehr und mehr Menschen, die auf der Erde leben. Alle diese Menschen brauchen Platz zum Leben. Deshalb ziehen sie dorthin, wo vorher nur Tiere und Pflanzen lebten. Wälder werden abgeholzt, und mitten in die freie Natur werden Häuser, Geschäfte und Straßen gebaut.

Dann kommen Pflanzen und Tiere in Gefahr, weil man ihren Lebensraum zerstört hat. Die Tiere verschwinden nach und nach, und wenn sie keinen anderen Platz finden, wo sie Nahrung und Ruhe haben, sterben sie sogar ganz aus.

Bilder und Geschichten von Dinosauriern, die vor vielen Millionen Jahren auf der Erde gelebt haben, machen Spaß. Aber heute sind die Dinos alle ausgestorben. Das kann auch passieren mit Elefanten, Zebras, Fröschen, Schmetterlingen, Rotkehlchen, Pandas, Goldfischen oder anderen Tieren, wenn wir nicht aufpassen.

Die Erde muß grün bleiben und gesund und voll mit Millionen wundervoller Tiere!

Kannst du den Tieren helfen? Ja!
Wenn du mehr wissen willst,
sieh nach in den Kapiteln:
Rettet die Meere, die Flüsse
und Seen und
Rettet die Tiere und
Für eine grüne Erde.

15

Zuviel Müll!

Alles was du wegwirfst, wandert in die Mülltonne. Einmal in der Woche kommt die Müllabfuhr, dann ist die Tonne wieder leer. Was denkst du, was mit dem Müll passiert? Verschwindet der einfach so? Eben nicht!

Fast der ganze Müll kommt auf den Müllabladeplatz oder in die Müllgrube. Dort kippt der Müllwagen den Müll einfach aus. Ist der Wagen weg, kommt eine große Planierraupe und schiebt Erde über den Müll. Der meiste Müll wird also begraben.

Wir verursachen heute so viel Müll (jeder 500 kg im Jahr!), daß in manchen Städten nicht mehr genug Platz ist, den Müll zu begraben. Dort wird der Müll verbrannt und verschmutzt die Luft.

Wir müssen möglichst schnell weniger Müll machen. Können wir das? Na klar!

Wir können den Müll recyceln (das heißt: wiederverwenden statt einfach wegwerfen), und wir können Müll vermeiden (das heißt: keine Sachen kaufen, die man nicht noch mal verwenden kann, also z.B. keine Kunststoffverpackungen). Wenn wir Müll recyceln und vermeiden, dann gibt es viel weniger Müll, und das hält unsere Erde grün.
Müll recyceln und vermeiden macht Spaß. Wenn du wissen willst, was du alles tun kannst, sieh nach in den Kapiteln:
Hütet unsere vergrabenen Schätze und
Für eine grüne Erde.

16

Der Treibhauseffekt

Ein Treibhaus ist ein Haus aus Glas, in dem man Blumen und Pflanzen zieht, die viel Wärme brauchen. Die Sonne scheint durch das Glas und wärmt das Treibhaus, und Dach und Wände halten die Wärme drinnen fest.

Rings um die Erde liegt eine Hülle aus unsichtbaren Gasen, die funktioniert genauso wie ein Treibhaus. Die Sonne scheint hinein, die Gashülle fängt die Wärme ein wie ein Dach und wärmt so die Erde. Bloß gut – denn ohne die Sonnenwärme könnten wir nicht leben. Doch die Erde gibt die Wärme auch wieder ab, sonst würde es ja immer heißer werden.
Durch das Verbrennen von Kohle, Öl, Gas und Holz steigt viel Kohlendioxid in die Atmosphäre. Und durch die vielen Abgase in der Luft kann die Erde nicht mehr genug Wärme abgeben. Auf der Erde wird es wärmer, das ist der Treibhauseffekt.

Wenn sich die Erde nur um ein paar Grad erwärmt, dann ändert sich das Klima auf der Erde. Wo es jetzt schön warm ist, wird es zu heiß zum Leben, wo es kalt ist, wird es warm. Das Eis des Nord- und Südpols wird teilweise schmelzen, so daß sich die Ozeane vergrößern und Land überschwemmt wird. Vielleicht hast du schon von der »Klimakatastrophe« gehört. Das ist damit gemeint.

Jeder kann mithelfen, den Treibhauseffekt zu stoppen. Du kannst weniger Energie verbrauchen, kannst Bäume schützen und pflanzen, und durch dein Recycling verbrauchen die Fabriken weniger Energie. Dieses Buch ist voll von Beispielen, wie man das macht!

Das Ozonloch

Oben am Himmel, etwa 30 Kilometer über uns, liegt eine
Schicht aus einem Gas, das heißt Ozon. Diese Ozonschicht
hält alle Sonnenstrahlen zurück, die schädlich sind für unsere Haut, aber sie läßt die Strahlen durch, die gut für uns
sind. Wir können froh sein, daß wir die Ozonschicht haben.

Aber die Ozonschicht wird zerstört durch Gase, die wir
Menschen machen. Diese Gase nennt man FCKW (Fluorchlorkohlenwasserstoffe) und Halone. Sie werden für Kühlschränke gebraucht, für Feuerlöscher, Klimaanlagen, Schaumstoffe, Spraydosen und eine ganze Menge mehr.

Die FCKW steigen in die Atmosphäre hinauf bis zur Ozonschicht, und dort »fressen« sie das Ozon auf wie kleine
Monster. Darum bekam unsere Ozonschicht ein Loch,
dieses Loch ist über dem Südpol.
Die Wissenschaftler sind sehr besorgt über das Ozonloch,
denn in den letzten Jahren ist es immer größer geworden. Es
ist also ganz wichtig, daß wir lernen, etwas dagegen zu tun.

Wir alle können dazu beitragen, daß das Ozonloch nicht
größer wird. Wenn du wissen willst wie, dann lies weiter.

Wasserverschmutzung

Den größten Teil der Erde bedecken die Meere. Und außerdem gibt es noch Seen und Bäche und Flüsse, und es gibt sogar unterirdisches Wasser. Alles Leben auf der Erde, vom kleinsten Käfer bis zum größten Elefanten, braucht dieses Wasser. Wasser ist kostbar. Aber wir denken gar nicht daran, das Wasser sauberzuhalten. Fast überall ist das Wasser verschmutzt. Seen und Flüsse sind mit Müll verschmutzt und mit giftigen Stoffen, die einfach hineingeschüttet werden.

Das Wasser unter der Erde (Grundwasser) kann durch Öl verschmutzt werden oder durch andere gefährliche Flüssigkeiten, die in den Boden sickern. Kunstdünger und Insektengifte, die auf dem Bauernhof oder im Garten gebraucht werden, versickern auch in der Erde.

Das Meer ist die Heimat für sehr viele Tiere, trotzdem werden schon viele Jahre lang Gifte und Müll hineingekippt. Die Meere werden immer schmutziger.

Wir müssen unser Wasser schützen, damit es sauber bleibt und gesund, damit Menschen und Tiere und Pflanzen immer davon trinken können. Und damit die Fische und andere Tiere einen Platz haben, wo sie leben können.

Wenn du genauer wissen willst, wie du Wasser sparen kannst und wie du es sauber und gesund hältst, dann schlag nach im Kapitel:
Rettet die Meere, die Flüsse und Seen.

Was Kinder sagen

Zur Wasserverschmutzung

»Wenn wir Menschen das Wasser verschmutzen, dann töten wir die Fische, und die Tiere, die am Wasser leben, sterben dann auch. Das bringt die Nahrungskette durcheinander. Dann sterben wir auch, weil die Nahrungskette durcheinander ist.«

Jochen, 10 Jahre

»Wenn die Leute leben und gesund bleiben möchten, müssen sie wie verrückt auf die Seen aufpassen.«

Erika, 10 Jahre

Zur Luftverschmutzung

»Die Leute sollten nicht soviel Auto fahren, dann wird die Luft nicht so verschmutzt. Wenn wir nicht aufpassen, kann keiner mehr die Luft atmen, und alle müssen Gasmasken tragen.«

Ronald, 10 Jahre

»Keine Abgase! Keine Luftverschmutzung! Leben oder Tod.«

Jessica, 10 Jahre

»Luftverschmutzung vernichtet. Sie ist das Schlimmste. Es ist widerlich, wie die Luft stinkt.«

Erika, 10 Jahre

Zum Ozonloch

»Jeder weiß, wie wichtig die Ozonschicht ist. Ohne sie wären wir nur arme Würstchen. Deshalb dürfen wir keine Sachen mehr nehmen mit Chemikalien, die Ozonfresser sind. Wenn wir das tun, können wir die Ozonschicht retten.«

Martina, 10 Jahre

»Ich weiß nicht, warum manche Leute FCKW machen und Halone, aber ich glaub, das war eine blöde Idee.«

David, 11 Jahre

Zu den bedrohten Tieren

»Bäume werden umgehaun, aber wir brauchen die Bäume. Und die
wilden Tiere brauchen die Bäume auch, da leben sie drauf.«

Sonja, 10 Jahre

»Wir müssen den Tieren helfen, damit sie nicht aussterben.«

Susanne, 10 Jahre

Zum Müllberg

»Wir dürfen keine Sachen mehr kaufen, die wir nur einmal nehmen und
dann nicht wieder.«

Karin, 10 Jahre

»Wir haben zuviel Müll auf der Erde. Die Müllkippen sind schon so voll,
daß wir den ganzen Tag im Müll leben. Wenn wir mehr recyceln, dann
haben wir kein so **schlimmes** Müllproblem.«

Laura, 10 Jahre

Zum Treibhauseffekt

»Ich glaub, die Erwärmung der Erde und der Treibhauseffekt sind sehr
schlecht. Wollen wir aus der Erde einen glühenden Ball machen?«

Adam, 10 Jahre

»Warum lassen wir den Treibhauseffekt zu? Ist doch Unsinn. Ich glaub,
wir setzen uns lieber zusammen und stellen die Heizung im Haus auf die
richtige Temperatur für alle Lebewesen.«

Jasmin, 10 Jahre

21

Hütet unsere
vergrabenen Schätze

Schatzgedanken

Vergrabene Schätze! Da denkt man gleich an einäugige Piraten und ganze Kisten voller Gold.

Aber Gold ist nur *ein* Schatz unserer Erde. Es gibt noch viele andere tolle Sachen, die schon seit Milliarden von Jahren in der Erde liegen. Fallen dir welche ein? Zum Beispiel Erdöl, Eisen, Silber, Sand, Aluminium, Kupfer . . . mach mal selber weiter.

Alle diese Schätze sind für uns ein großes Geschenk. Im Winter heizen wir damit das Haus, wir machen uns Werkzeuge daraus, wir kochen damit, und es gibt wirklich nichts, wozu wir sie nicht brauchen.

Aber sie sind nicht unbegrenzt da. Wenn wir sie aufgebraucht haben, dann ist Schluß. Deshalb müssen wir uns entscheiden, was wir mit ihnen tun sollen. Sollen wir sie alle aus der Erde holen und lauter Sachen daraus machen, die wir gar nicht wirklich brauchen? Oder sollen wir sie bewahren, damit wir und alle anderen Geschöpfe der Erde auch später noch etwas davon haben?

Die Frage hört sich ziemlich verrückt an, oder? Nein, gar nicht, wir haben sie uns noch nicht oft genug gestellt.

1. Laß dich nicht verglasen

Rate mal

Woraus wird Glas gemacht?
a) aus gefrorenem Wasser   b) aus Quarzsand   c) aus Wasserglas

Glühbirnen, Fensterscheiben, Fernseher, Spiegel, was haben sie alle gemeinsam? Glas.
Sieh dich mal um. Sieh dir an, was alles aus Glas gemacht wird.
Ist das nicht verrückt? Das meiste Glas werfen wir einfach weg. Jeden Monat schmeißen wir so viele Flaschen und Gläser weg – wir könnten damit ein Hochhaus anfüllen.
9% unseres Mülls ist Glas! Das sollten wir ändern!

Wußtest du schon

● Glas wird in Fabriken recycelt, erst in kleine Stücke gebrochen, dann zermahlen und unter das neue Glas gemischt.
● Die Menschen haben schon vor mehr als 5000 Jahren Glas gemacht. Als Kaiser Nero die Stadt Rom anzündete, stand bestimmt irgendwo eine Glasflasche in der Nähe.
● Lange Zeit war Glas sehr kostbar. Erst heute ist Glas so einfach zu machen, daß wir denken, es sei nur Müll.
● Heute werfen wir fast 6 Milliarden Flaschen und Gläser weg, jedes Jahr.

● Glas-Recycling spart Energie. Mit der Energie, die eine einzige Recycling-Flasche einspart, kannst du eine 100-Watt-Glühbirne vier Stunden lang brennen lassen.

Antwort b. Glas wird aus Quarzsand, sowie Kalk und Soda gemacht.

Was du tun kannst

● Kaufe, wann immer es möglich ist, Pfandflaschen, die du nach Gebrauch wieder im Laden abgeben kannst. Mindestens 25mal (meist sogar 50mal) kann eine Pfandflasche benutzt werden, dann muß auch sie wieder eingeschmolzen werden. Pfandflaschen helfen, eine Menge Energie zu sparen.

● Manche Sachen gibt es nur in Einwegflaschen (schreib doch mal an den Hersteller und sag, daß du Pfandflaschen besser finden würdest und warum). Diese Flaschen sollten gesammelt und später in den Altglascontainer gebracht werden. Auf keinen Fall in den Mülleimer damit!

● Such einen Platz für eine oder zwei Kisten zum Glassammeln.

● Und vergiß nicht, alle Flaschen einzusammeln, die du findest. Nimm sie mit nach Hause zum Recyceln.

● Dreh die Deckel, Schraubverschlüsse und Korken aus den Flaschen und Gläsern. Die Etiketten können dranbleiben.

● Such einen Altglascontainer in der Nähe.

● Wenn die Kisten voll sind, dann bring sie zum Container. Meist gibt es einen Container für weißes (durchsichtiges) Glas und einen für farbiges Glas.

2. Heute kaufen, morgen spielen

Rate mal

*Wieviel von deinem Spielzeug hat
schon deinen Eltern gehört?*
a) alles   b) keins   c) gute Frage

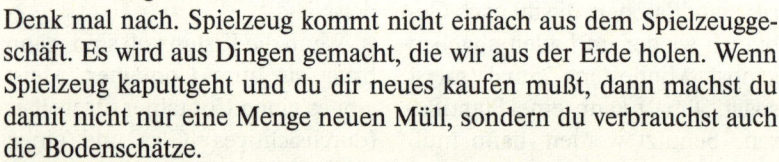

Hast du den Werbefilm von diesem superstarken He-Man gesehen? Und den von diesen Transfor-
mern, die richtig fliegen. Sehen
schrecklich aus. Und du willst natürlich einen haben.
Aber wie lange hält er?

Denk mal nach. Spielzeug kommt nicht einfach aus dem Spielzeugge-
schäft. Es wird aus Dingen gemacht, die wir aus der Erde holen. Wenn
Spielzeug kaputtgeht und du dir neues kaufen mußt, dann machst du
damit nicht nur eine Menge neuen Müll, sondern du verbrauchst auch
die Bodenschätze.
Was können Kinder also machen? Kein Spielzeug mehr kaufen?
Natürlich nicht.
Aber du kannst Spielzeug kaufen, das lange hält.

Wußtest du schon

● Manche Spielsachen halten wirklich lange. Forscher haben zum
Beispiel Kreisel ausgegraben, die
waren mehr als 1000 Jahre alt. Solche Kreisel und anderes altes
Spielzeug kannst du dir im Museum ansehen.

● Für viele Leute sind alte Spielsachen Familienschätze. Sie wer-

den von den Eltern an Kinder und
Enkelkinder weitergegeben.
● Stell dir mal vor, du spielst mit
den gleichen Sachen, an denen
schon dein Urgroßvater oder deine
Oma ihren Spaß hatten.
● Für die »Schätze der Erde« ist es

Antwort c. Frag deine Eltern mal. Hat deren
Spielzeug lange gehalten?

egal, ob ein Spielzeug daraus gemacht wird, das viele Jahre hält oder nach ein paar Tagen kaputt ist. Aber Spielsachen, die lange halten, mußt du nicht dauernd ersetzen. Das ist also ein Weg, ein Stück Natur zu schützen.

● Und noch einer: Spielsachen, die etwas aushalten, mußt du nicht gleich auf den Müll werfen. Je weniger Müll, desto langsamer wird die Müllkippe voll.

Was du tun kannst

● Wenn du in den Spielzeugladen gehst und dir gefällt etwas, dann untersuche, wie stabil es ist. Ist es aus billigem Kunststoff und gleich kaputt? Oder hält es etwas aus? Kann man es reparieren?

● Wenn du nicht ganz sicher bist, dann frag jemanden, deine Eltern oder einen Verkäufer. Und sag ihnen, daß du die Natur schützen willst.

● Und paß auf die Spielsachen auf, die du schon hast. Auch auf Spielsachen, die etwas aushalten, muß man achtgeben. Je mehr du aufpaßt, desto länger hast du daran Spaß, und vielleicht noch andere Kinder.

Sieh dich um

● Geh mal zu einem Spielzeugladen. Und dann geh langsam zwischen den Regalen durch. Kriegst du den Unterschied heraus zwischen stabilen Spielsachen und solchen, die schnell kaputt sind? Wovon gibt es mehr? Und woraus sind sie gemacht?

27

3. Dosenlos

Rate mal

Wie oft kann man eine Aludose recyceln?
a) gar nicht   b) nur einmal   c) immer und immer wieder

Bevor eine Dose ins Geschäft kommt, bevor sie überhaupt eine Dose war, war sie ein Teil der Erde.
Viele Limodosen sind aus einem Metall, das heißt Aluminium. Aluminium ist sehr wichtig für uns.
Wir brauchen Aluminium für Flugzeuge, Autos, Fahrräder und viele andere Sachen im Haushalt, aber nicht für Dosen.
Noch ist genug Aluminium im Boden, aber es wird nicht mehr lange ein »vergrabener Schatz« sein, wenn wir weiter so danach graben. Deshalb müssen wir mit Aluminium sparsam sein, anstatt es einfach wegzuwerfen.
Recycling ist gut (wir können das Aluminium immer wieder verwenden), weniger Verbrauch ist noch besser.

Wußtest du schon

● Jedes Jahr werden bei uns 45000 Tonnen Aludosen gemacht! Eine Riesenmenge, wo Aludosen doch so leicht sind. Und jede einzelne könnten wir recyceln.

● So wird Aluminium recycelt: Die Limodosen und Aludosen für Tierfutter, die Alufolie und all die anderen Sachen aus Aluminium werden gesammelt und in Fabriken gebracht. Dort werden sie erst kleingerissen und dann zermah-

Antwort c. Aludosen können wieder und wieder und wieder recycelt werden.

len. Und dann wird das Mehl zu dicken Barren zusammengeschmolzen.

● Die Barren werden nach und nach wieder dünngerollt zu Aluminiumblech und an Dosenfabriken verkauft; und die machen neue Dosen draus.

● Aluminium kann man immer wieder zermahlen und neue Dosen daraus machen. Ist das nicht toll? Aus einer Limodose, aus der du heute trinkst, trinkst du vielleicht in 20 Jahren wieder.

● Das Recycling spart nicht nur

Aluminium, es spart auch Energie. Mit der Energie, die durch Recycling einer einzigen Aludose gespart wird, läuft euer Fernseher 3 Stunden lang.

Was du tun kannst

● Wenn ihr, deine Freunde und du, das nächste Mal eine Limo kauft, dann nehmt nicht jeder eine Dose, sondern besser alle zusammen eine Pfandflasche. Das spart Energie, und billiger ist es auch.

● Aluminium kannst du genauso sammeln wie Glas. Du erkennst Aluminium daran, daß es *nicht* magnetisch ist. Es gibt auch Dosen aus Weißblech, die aber eisenhaltig und damit magnetisch sind (in vielen Städten gibt es auch Container für Weißblechdosen).
● Dosen ausspülen, das hält die Ameisen ab. Dann wirf sie in eine Sammelkiste.
● Vergiß nicht, die Alufolie, die

Aluschüsseln aus der Tiefkühltruhe, die Schokoladenfolie, die Joghurtdeckel usw. zu sammeln.
● Sammel auch die Aludosen ein, die auf der Straße und überall herumliegen. Nimm sie mit nach Hause zum Recyceln.
● Wenn du über 1 Kilo gesammelt hast, kannst du dein Alu beim Schrotthändler abgeben. Am besten, du schließt dich mit ein paar Freunden zusammen. Gemeinsam läßt sich so was besser organisieren.

Sieh dich um

● Geh mal in einem Supermarkt zu dem Regal mit den Limo- und Bierdosen. Zähl mal 250 Sechserpacks ab. Das ist eine ganze Menge, nämlich 1500 Dosen. Vielleicht gibt es in dem Geschäft gar nicht so viele Dosen; aber wenn, dann dauert das Zählen eine ganze Zeit.
● Wenn du fertiggezählt hast, dann sieh dir all die Dosen genau an. Das ist genau die Menge, die jeder bei uns in jedem Jahr verbraucht.
● Stell dir vor, alle diese Dosen werden einfach weggeworfen. Eine riesige Verschwendung. Und dann stell dir vor, die Dosen werden alle gesammelt und wiederverwendet. Ist doch besser, oder?

4. Die Verpackungsorgie

Rate mal

Mehr als die Hälfte von allem Kunststoff, den wir kaufen und wegwerfen, ist nur Verpackung. Was passiert damit, wenn wir ihn weggeworfen haben?
a) nichts, er liegt so rum und verdreckt die Erde   b) er verwest sehr schnell
c) nach 2 Jahren ist er weg

Wenn du etwas kaufst, das in Kunststoff eingepackt ist oder mit Folie auf einen Pappdeckel geschweißt, ist dir da schon mal aufgefallen, daß du immer die Sache *und* die Verpackung bezahlen mußt?

Hört sich verrückt an, oder? Stimmt aber. Du reißt die Verpackung auf und wirfst sie in den Müll! Bezahlen mußtest du sie trotzdem.

Wenn die Verpackung aus Kunststoff ist, dann ist sie aus einem der größten Bodenschätze der Erde, aus Erdöl. Das Öl ist schon seit vielen Millionen Jahren in der Erde. Vielleicht war es sogar mal ein Dinosaurier, denn Erdöl ist durch prähistorische Tiere entstanden.

Wenn wir aus dem Öl einen Kunststoff machen, dann läßt sich das nie mehr rückgängig machen. Der Kunststoff wird nie wieder ein Teil der Erde sein.

Wenn du also Spielsachen kaufst, Essen oder sonst etwas, dann hast du die große Chance, der Umwelt zu helfen. Sieh dich um. Sieh dir an, wie die Sachen verpackt sind. Dann wählst du vernünftig aus.

Antwort a. Kunststoff liegt viele hundert Jahre nur herum.

Wußtest du schon

● Jeder von uns wirft jedes Jahr 500 Kilogramm Hausmüll weg, jeder. Und wieviel wiegst du? Denk dir mal, wieviel 500 Kilogramm sind, etwa 20mal soviel wie du wiegst.

● Jedes Jahr werden in Deutschland 110000 Tonnen Kunststoffflaschen gemacht. Kannst du dir das vorstellen? Und die meisten werden einfach weggeworfen.

● Jedes Jahr verbrauchen wir so viele Milch-Einweg-Verpackungen, wir könnten eine neue Chinesische Mauer damit bauen: 2450 Kilometer lang und 16 Meter hoch.

● Erinnerst du dich noch daran, wie die Müllkippen aufgefüllt werden. Also, etwa die Hälfte von dem ganzen Müll ist nur Verpackung. Weniger Verpackung ist also weniger Müll.

Was du tun kannst

● Du kannst versuchen, Müll zu vermeiden. Das heißt, du kannst Sachen kaufen, deren Verpackung sich recyceln läßt und nicht weggeworfen werden muß; oder Sachen, deren Verpackung schon einmal recycelt ist. Oder am besten Sachen, die gar nicht verpackt sind.

● Zum Beispiel: Wenn du mit den Eltern Lebensmittel einkaufst, dann kauft ihr Eier im Papp-Karton und nicht im Hartschaum-Karton. Oder, wenn ihr die Eier auf dem Markt kauft, nehmt ihr beim nächsten Kauf euren alten Eierkarton wieder zum Auffüllen mit.

● Manche Müslis, Kekse oder Cräcker sind in Schachteln aus Altpapier. Das erkennst du leicht, denn Pappe aus Altpapier ist innen grau.

● Viele Spielsachen stecken in teuren Verpackungen, damit sie besser aussehen als sie sind. Manchmal ist an der Verpackung mehr dran als an den Spielsachen. Das findest du schon heraus.

Sieh dich um

● Stell mal einen großen Karton auf, in dem du alle Verpackungen sammelst. Du wirst staunen, was in ein paar Tagen zusammenkommt.

● Viele Verpackungen haben jetzt den »Grünen Punkt«. Solche Verpackungen kann man in bestimmte Mülltonnen werfen. Aber die gibt es noch nicht überall.

5. Weitergeben

Rate mal

Wieviel von dem ganzen Zeug, das wir wegwerfen, läßt sich recyceln?
a) gar nichts, Müll ist zu nichts mehr gut   b) etwas   c) die Hälfte

Wäre es nicht toll, die Natur zu schützen, das ganze Zeug loszuwerden, das man nicht mehr braucht und jemandem eine Freude zu machen? Und alles zur gleichen Zeit? Das gibt's.
Anstatt deine ganzen alten Sachen wegzuwerfen, könntest du versuchen, eine neue Bleibe für sie zu finden.
Denk mal an die ganzen Spiele, die du nicht mehr spielst, an das Buch, das du jetzt nicht mehr lesen magst, an die Puzzles, die du schon mit verbundenen Augen kannst. Versuch sie weiterzugeben, statt sie wegzuwerfen.
Damit schützt du nicht nur die Natur. Es gibt bestimmt jemanden, der sich darüber freut.

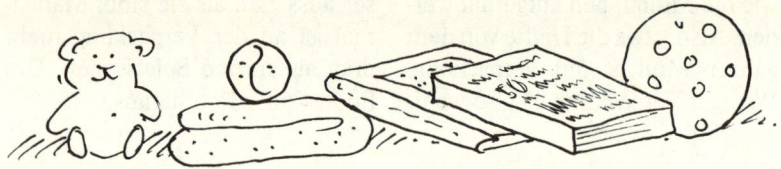

Wußtest du schon

● Alle deine Sachen sind aus Rohstoffen gemacht, die aus der Erde kommen. Deshalb sind sie auch dann noch wertvoll, wenn *du* sie nicht mehr brauchst.
● Wenn du deine Sachen an andere weitergibst, anstatt sie wegzuwerfen, dann spart das Müll und kostbare Rohstoffe.
● Manche Schulen veranstalten Tauschbörsen, da kann man dann altes Spielzeug und Bücher tauschen.
● Manche Vereine, zum Beispiel das Rote Kreuz, sammeln gebrauchte Sachen, um sie weiterzugeben.
● In Büchereien werden oft gebrauchte Bücher gesammelt und verkauft, um mit dem Geld neue Bücher zu kaufen.

Antwort c. Man könnte jeden Tag ein Fußballstadion damit vollfüllen.

● Spiele und Spielzeug kannst du Krankenhäusern oder Kindergärten schenken, wo die Kinder immer was zum Spielen brauchen.

Was du tun kannst

● Geh in die Rumpelkammer, steig auf den Boden und in den Keller, guck unter dein Bett. Such die Sachen zusammen, mit denen du nicht mehr spielen willst, die aber anderen vielleicht noch Spaß machen.

● Dann mußt du Stellen heraus finden, wo Sachen gebraucht werden. Guck ins Telefonbuch, schreib dir die Nummer vom Krankenhaus heraus, von Kinderheimen, Kindergärten, vom Roten Kreuz und so weiter. Und ruf an.

● Geh mit deinen Sachen auf einen Flohmarkt. Du nimmst einen leichten Tisch oder eine Decke und legst deine Sachen darauf, jede mit einem Preisschild. Die Leute kommen und gucken und kaufen. Den Rest kannst du verschenken. So hast du nicht nur Geld verdient, du hast auch die Natur geschützt.

6. Bunte Erde

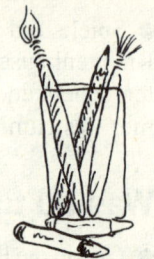

Rate mal

Was kannst du mit einem alten Eierkarton alles machen?
a) deine erste Million   b) Kunst   c) Abendbrot

Es gibt Länder auf unserer Erde, da haben die Kinder keine Filzer und Buntstifte und gekaufte Farben. Aber sie malen und zeichnen auch und machen tolle Bilder.
Wie sie das machen? Sie machen sich ihre Farben selber aus Fruchtsäften und Lebensmitteln und Erde.
Natürlich will ich nicht, daß du eine Brombeere ausquetschst, wenn du etwas Rotes malen willst (obwohl das Spaß macht – und Flecken).
Aber du kannst die Welt auch ein bißchen anders bunt anmalen.

Wußtest du schon

● Die meisten Stifte sind aus Erdöl. Und weil das Erdöl aus prähistorischen Lebewesen entstanden ist, malst du vielleicht gerade mit den letzten Resten eines Tyrannosaurus Rex!

● Hast du schon mal Bilder mit Filzstiften gemalt? Manche enthalten Stoffe, die heißen »Toluol« und »Äthanol«. Wenn diese Stoffe gemacht werden, kostet das Erdöl, und es verschmutzt die Umwelt. Und die Gase darin sind schädlich.
● Klebstoffe verschmutzen manchmal auch die Umwelt, weil die gleichen Lösungsmittel drin sind.

Was du tun kannst

● Nimm Bienenwachsbuntstifte. Die sind nicht aus Erdöl. Bienenwachs-Malstifte gibt's in Naturspeise-Läden, aber auch schon in vielen Schreibwarengeschäften. Und wenn sie keine haben, kannst du sie dort bestellen.

Antwort b. Eierkartons sind prima für Kunstwerke.

● Nimm Wasserfarben zum Malen. Wenn du nicht genau weißt, ob es Wasserfarben sind, frag deine Eltern oder die Lehrer.

● Nimm zum Malen und Zeichnen Altpapier.

● Nimm wasserlösliche Filzstifte und Kleber.

● Wenn du Malsachen nimmst, denk daran, daß sie aus Bodenschätzen gemacht werden. Du sollst deinen Spaß damit haben, aber du sollst sie nicht vergeuden.

Sieh dich um

Wie kannst du am schöpferischsten recyceln? Mach deine eigenen Kunstwerke. Dazu kannst du alles gebrauchen, alte Eierkartons, Stoffreste, Karton, Deckel, Dosen und Kunststoff. Kunstwerke aus Abfall sehen gut aus, halten lange und machen viel Spaß. Mach mal eine Collage oder ein Mobile aus Sachen, die du in der letzten Woche gesammelt hast.

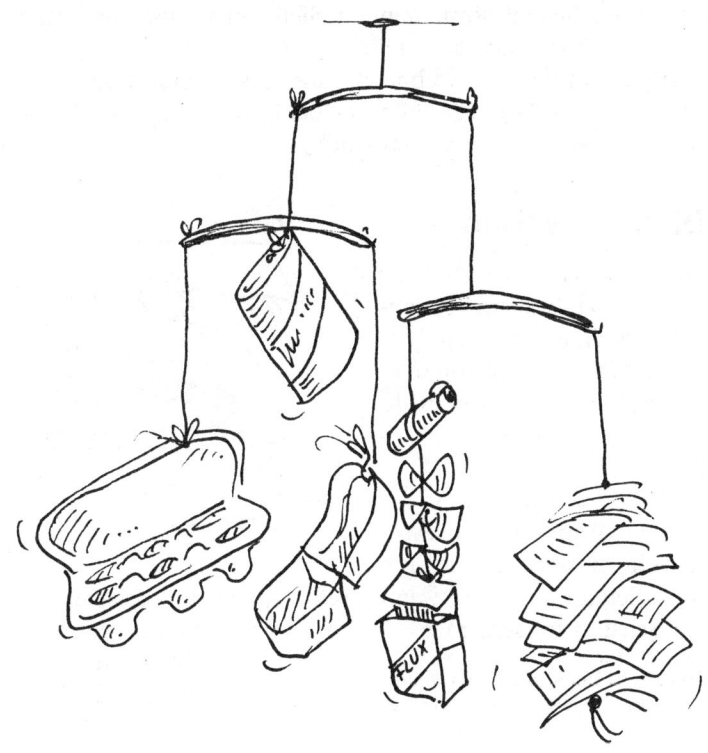

7. Hartschaum? Nein danke!

Rate mal

Wenn du alle Hartschaum-Behälter aneinanderlegst, die an einem einzigen Tag gemacht werden, wie weit reicht das?
a) einen Kilometer   b) einmal um die Erde   c) einmal quer durch Europa

Vielleicht weißt du nicht, was das Wort Hartschaum bedeutet, aber die Sache selber kennst du. Es werden Wegwerfbecher daraus gemacht, Verpackungen und Dosen zum Warmhalten. Manche Schnell-Restaurants und Kantinen stecken ihr Essen in Behälter aus Hartschaum. Hartschaum ist ein Kunststoff, deshalb verbraucht er unsere Bodenschätze. Und was machen wir mit diesen Bodenschätzen? Sieh dir mal die Abfalleimer in einem Schnell-Restaurant an. Sieht der Hartschaum vielleicht nach Bodenschätzen aus? Kein bißchen.
Wer Hartschaum benutzt, verbraucht unsere kostbaren Bodenschätze, und er macht Müll. Möchtest du das? Oder haben wir alle, und auch die Umwelt, nicht etwas Besseres verdient?

Wußtest du schon

● Hartschaum ist Dauermüll. Er wird nie mehr zu Erde. In 500 Jahren vielleicht gräbt ein Junge hinten im Garten ein Stück von dem Schaum-Becher aus, aus dem du vorige Woche noch Cola getrunken hast.
Hartschaum ist eine Gefahr für Meerestiere. Wenn er im Wasser treibt, sieht er fast aus wie ihre Nahrung. Schlimm wird es, wenn sie den Schaum fressen. Meeres-schildkröten zum Beispiel können nicht mehr tauchen, wenn sie davon gefressen haben, der Schaum drückt sie nach oben. Daran können sie sterben.

Antwort b. Es ist kaum zu glauben, einmal rund um die Erde, und sogar noch ein Stück weiter.

Was du tun kannst

● Nimm keinen Hartschaum mehr, keine Teller und Tassen und Becher, auch keine Schaum-Verpakkungen wie bei manchen Eierkartons. Denn er wird mit Stoffen aufgeschäumt, die das Ozonloch größer machen.

● Wenn du in einem Schnell-Restaurant ißt, dann bitte um Pappbecher und Pappteller. Und wenn es heißt: »So was haben wir nicht«, dann erklär den Angestellten, warum du keine Schaum-Behälter möchtest. Sag ihnen auch, so sehr dir das Essen schmeckt, so wenig möchtest du etwas tun, was der Erde schadet.

8. Wurmkur

Rate mal

Was mögen Würmer nicht?
a) ein saftiges Steak   b) Erde   c) Gemüse

Die Kartoffelschalen, die Filtertüten und die Eierschalen, all das brauchst du nicht in den Müll schmeißen. Du kannst daraus guten, fruchtbaren Mutterboden machen, einen der größten Schätze der Erde. Und dann kannst du darin Pflanzen ziehen.
Das nennt man kompostieren. Es ist ganz einfach, kann wirklich jeder.

Wußtest du schon

● Viele Leute verbrennen das Laub und die Zweige aus ihrem Garten, das ist falsch!
● Du kannst Kompost aus Blättern machen, aus Rasenschnitt und aus Kartoffelschalen. Jeder *organische* Abfall, das heißt Abfall von Sachen, die mal gelebt haben, ist geeignet.
● Und was haben wir für eine Masse organischen Abfall. Er macht ungefähr 15% von allem Abfall aus.
● Speisereste gehören nicht auf den Kompost, sie würden Ratten anziehen.

● Wir werfen wirklich und wahrhaftig mehr als eine Tonne organischen Abfall weg, jeder von uns und das jedes Jahr.
● Wieviel das etwa ist? Na, wenn du vielleicht 25 Kilogramm wiegst, dann ist das 40mal soviel.
● Wenn wir alles Organische kompostieren würden, anstatt es wegzuwerfen, hätten wir nicht so viele Probleme mit dem Müll.
● Wenn du deine Blumenerde vom eigenen Kompost nehmen kannst, brauchst du keine zu kaufen. Und damit schützt du die Moore, die werden immer seltener. Und die gekaufte Blumenerde wird dort abgetragen.

Antwort a. Würmer mögen kein Fleisch.

Was du tun kannst

● Kompost kann man auf viele Arten machen. Zusammen mit den Eltern: ihr baut eine Kompost-Box, dort kommt der ganze organische Abfall hinein. Ab und zu muß man das Oberste zuunterst graben, dabei kannst du dir ansehen, wie der Abfall langsam zu Erde wird.

● Toll für den Balkon ist das Kompostieren mit Würmern. Würmer sind große Kompostierer. Zusammen mit den Eltern oder dem Lehrer baust du eine Wurmkiste, eine Holzkiste etwa so groß wie ein Hokker. Dahinein schichtest du lockere Walderde, Obstschalen und ein bißchen Kaffeesatz. Dann kaufst du dir in der Tierhandlung oder im Angelgeschäft Kompostwürmer oder Rotwürmer und tust sie in die Wurmkiste. Für einen 10 l-Behälter brauchst du 500 Würmer. Du kannst den ganzen Küchenabfall hineintun, nur kein Fleisch oder Knochen oder Fett, auch nichts »schwer Verdauliches« wie Pfirsichkerne. Alles andere mischst du in die Kiste. Und dann warte mal ab. Die Würmer fressen den Abfall auf und machen daraus Erde. Und es ist die beste Erde, die du dir denken kannst.

Sieh dich um

● Wenn du einen Komposthaufen anlegen willst: es gibt ganze Bücher über das Kompostieren. Frag mal in der Buchhandlung oder in eurer Bibliothek.

9. Einweg ist kein Weg

Rate mal

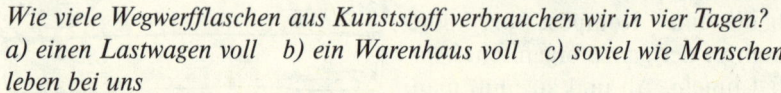

*Wie viele Wegwerfflaschen aus Kunststoff verbrauchen wir in vier Tagen?
a) einen Lastwagen voll   b) ein Warenhaus voll   c) soviel wie Menschen
leben bei uns*

Lange bevor du auf der Welt warst, als deine Großeltern noch klein
waren, da gab es noch keine Küchentücher und Servietten und Taschen-
tücher aus Papier. Die Leute haben damals Tücher aus Stoff genommen,
die konnte man waschen und immer wieder verwenden. Die Leute
hätten gar nicht daran gedacht, etwas wegzuwerfen, wenn es nur einmal
benutzt war.

Aber heute haben wir sehr viele Sachen, die gleich nach Gebrauch weggeworfen werden, man nennt sie Einwegprodukte. Alufolie, Kunststofftüten, Papiertaschentücher, Hamburger-Behälter, Pappteller, alles Einwegprodukte.

Und wie soll das weitergehen? Unsere Bodenschätze werden zu Müll.
Wäre es da nicht besser, wenn jeder etwas gegen diese Müll-Lawine täte?
Das würde doch viel ändern.

Wußtest du schon

● Wir verbrauchen jedes Jahr Millionen von Kilometern von Ein-
wegpapier. Eine Menge Bäume.

● Wir verbrauchen Millionen von
Papiertüchern jeden Tag.

● Wir verbrauchen mehr als eine
Milliarde Einwegfeuerzeuge im
Jahr. Das sind viele tausend Tonnen Kunststoff, die nur dazu gemacht werden, damit die Erwachsenen sie wegwerfen.

Antwort c. Hättest du gedacht, daß es so
viele sind?

Was du tun kannst

● Neben das Waschbecken in der
Küche gehört ein Wischlappen.
Wenn du etwas abwischen mußt,
nimmst du den Wischlappen und
kein Tuch aus Papier.

● Schaff dir einen Lumpensack
an. Da kommen die alten, abgetra-
genen Sachen hinein, dann hast du
einen Vorrat für Putzlappen oder
zum Basteln. Alte Sachen kannst
du übrigens auch in die Altkleider-
Sammlung geben.

● Sammel alle Plastiktüten. Du

kannst sie wiederverwenden. Wenn sie schmutzig sind, brauchst du sie nur zu wenden, zu waschen und dann zum Trocknen aufzuhängen. Nimm beim nächsten Einkauf die alte Tüte oder einen Korb mit. Laß dir nur Plastiktüten geben, wenn es nicht anders geht.

● Auch Alufolie läßt sich wiederverwenden. Wasch sie ab, trockne sie und heb sie auf. Dann kannst du sie wiederverwenden.

● Habt ihr Frischhaltedosen in der Küche (du weißt schon, die mit dem Schnappdeckel). Nimm lieber solche Dosen anstatt Frischhalte- oder Alufolie.

● Mach eine Naturschutz-Pausenbrot-Kampagne und nimm eine Brotdose mit in die Schule. Wenn du einen Plastikbeutel benutzt, dann bring ihn wieder mit nach Hause, du kannst ihn wiederverwenden.

Sieh dich um

● Such mal bei euch zu Hause nach Einwegprodukten. Und überleg dir, woraus sie gemacht sind. Nimm eine Rolle Küchentücher und stell dir vor, das ist ein Baum. Nimm eine Plastiktüte oder Kunststoffdose und stell dir vor, das war mal Erdöl, oder besser noch, es war ein Dinosaurier. Denk daran, daß ein Stück Alufolie ein kostbares Stück unserer Erde ist. Sieht das alles nicht plötzlich viel wertvoller aus?

Rettet die Meere, die Flüsse und Seen

Wassergedanken

Von Jahr zu Jahr leben mehr Menschen auf der Erde, aber das Wasser, das wir zum Leben brauchen, bleibt gleichviel. So oft wir den Wasserhahn aufdrehen, es ist ein und dasselbe Wasser aus denselben Quellen, denselben Flüssen und Seen.

Nur einen Tag ohne Wasser? Da merkst du erst, wie kostbar das Wasser ist. Aber mit ein bißchen Mühe kannst du Wasser verwenden, ohne es zu verschwenden.

Was du auch tust, alles fällt auf die Flüsse und Bäche und Seen zurück, wußtest du das? Egal, wo du wohnst, du hast Einfluß auf das Wasser und auf die Tiere, die damit leben.

Überleg dir mal, wie Menschen die Meere und Wasserstraßen benutzen: für Essen, als Schiffahrtswege, als Müllkippe, zur Stromerzeugung und zur Erholung. Und weil wir glauben, die Meere sind so riesig und unser Wasserverbrauch ist so klein, ist uns alles egal. Jetzt müssen wir umdenken und anders handeln. Und wir müssen die Schäden reparieren, die angerichtet wurden.

Zum Glück kann jeder mithelfen, die Seen und Flüsse zu schützen. Als Leck-Detektiv und als Wasser-Sparer kannst du etwas verändern. Und es macht sogar Spaß.

10. Spiel Wasserleck-Detektiv

Rate mal

Ein tropfender Wasserhahn füllt eine Tasse in 10 Minuten. Wieviel Wasser geht in einem Jahr verloren?
a) ein Glas voll b) eine Badewanne voll c) 40 Badewannen voll

An alle Kinder! An alle Kinder! Sucht die Wasserlecks in eurem Haus. Sucht auch die versteckten Lecks. Sucht die Lecks in der Wand, an den Wasserhähnen, im Klo und draußen am Gartenschlauch. Ihr müßt alle heimlichen Lecks finden, und dann helft mit, sie zu stopfen.

Wußtest du schon

● Trinkwasser ist kostbar, es ist wichtig, sparsam damit umzugehen und es nicht entwischen zu lassen, durch ein kleines Leck. Denn schon ein kleines Leck verbraucht viel Wasser. Ein tropfender Wasserhahn, der eine Tasse in zehn Minuten füllt, vergeudet mehr als 6500 Liter Wasser im Jahr.
● Wieviel das ist? Du müßtest für die gleiche Menge ein Jahr lang jeden Tag 144 Tassen Wasser trinken.
● Etwa jede fünfte Toilette hat ein Leck, und die Leute wissen es nicht einmal.
● Eine lecke Toilette vergeudet jedes Jahr 100000 Liter Wasser. Du könntest zweimal täglich damit baden.

Was du tun kannst

● Du wirst Wasserleck-Detektiv. Und so wird's gemacht:
Als erstes läßt du dir von deinen Eltern zeigen, wie man die Wasseruhr abliest. Sie ist wahrscheinlich im Keller.

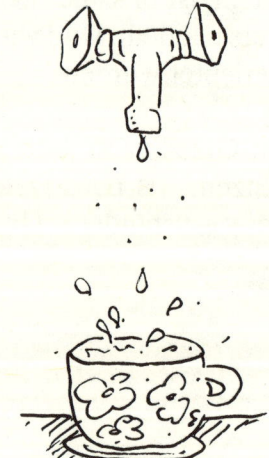

Antwort c. Es sind 40 Badewannen voll, fast eine für jede Woche im Jahr.

● Dann wartest du, bis alle aus dem Haus sind und keiner mehr Wasser verbraucht, wenn ihr alle zusammen ins Kino geht oder vielleicht zum Einkaufen.

● Bevor ihr losgeht, lies die Wasseruhr ab und schreib den Zählerstand auf. Wenn ihr zurückkommt, gehst du sofort zur Wasseruhr und liest sie ab. Haben sich die Zahlen geändert? Dann hast du ein Leck entdeckt. Erzähl es deinen Eltern.

● So geht's auch – die Toiletten-Prüfung:

Laß dir von einem Erwachsenen den Deckel vom Spülkasten abnehmen, wenn er einen Deckel hat. Dann tropfst du vorsichtig

zehn oder zwölf Tropfen Tinte ins Wasser. Eine Viertelstunde warten. Ganz wichtig: in der Zeit darf keiner aufs Klo. Sieh in die Toilette. Ist verfärbtes Wasser in der Muschel? Dann hast du ein Leck gefunden.

11. Hahn auf – Hahn zu

Rate mal

Du kannst 10000 Liter Wasser im Jahr sparen, wenn du das Wasser nicht einfach laufen läßt. Was läßt sich damit füllen?
a) eine Mülltonne   b) ein Tankwagen   c) ein Schwimmbecken

Stell dir vor, du müßtest jedesmal Wasser aus der Erde pumpen oder vom Brunnen holen, wenn du dir die Zähne putzen willst. Früher war das so. Und das war harte Arbeit.
Heute ist das viel einfacher. Du drehst den Wasserhahn auf: zack – Wasser. Und weil das so einfach ist, lassen wir viele Liter Wasser weglaufen.
Wir brauchen ein kleines Zauberwort: Hahn auf – Hahn zu. Denn weg ist weg!

Wußtest du schon

● Durchschnittlich verbraucht jeder von uns 150 Liter Wasser an einem Tag.
● Das Wasser kommt viel schneller aus dem Hahn, als du denkst. Wenn du zum Beispiel das Wasser laufen läßt, bis es schön kalt zum Trinken ist, sind schon vier, fünf Liter durchgelaufen.
● Wenn du das Wasser beim Zähneputzen laufen läßt, dann sind das (bei drei Minuten Putzzeit) 25 Liter Wasser.
● Und wenn du beim Geschirrspülen das Wasser laufen läßt, macht das 150 Liter Wasser.

Antwort c. Es ist genug Wasser für ein kleines Schwimmbecken.

Was du tun kannst

● Duschen ist besser als Baden. Ein Vollbad verbraucht 150 l Wasser. Bei einer Fünf-Minuten-Dusche verbraucht man nur 30–60 l.

● Beim Zähneputzen machst du die Bürste nur naß und drehst den Hahn wieder zu. Und zum Ausspülen drehst du den Hahn wieder auf: 20 Liter gespart. Damit könntest du einen Hund baden. Noch besser: Benutz mal wieder einen Zahnputzbecher.

● Beim Geschirrspülen füllst du einmal das Spülbecken und wäschst darin das Geschirr. 130 Liter gespart. Damit kannst du zweimal fünf Minuten duschen.

● Wenn du baden willst, steck gleich den Stöpsel in die Wanne, dann geht auch nichts verloren.

● Und wenn du Durst hast, kannst du auch aus einer Flasche Wasser trinken, die du vorher in den Eisschrank gestellt hast. So sparst du nicht nur Wasser, es schmeckt auch schön kühl.

Sieh dich um

● Wie lange dauert es wohl, bis eine Milchtüte mit Wasser vollgelaufen ist? Um das herauszufinden, brauchst du nur eine leere Milchtüte und eine Uhr mit Sekundenzeiger.

● Schneide die Tüte auf und halt sie unter den Wasserhahn.

● Dreh den Wasserhahn auf und sieh dabei auf die Uhr.

● Wie lange hat's gedauert? Und überall auf der Erde lassen Menschen so den Wasserhahn laufen. Willst du zu denen gehören?

● Und jetzt gieß das Wasser in der Milchtüte nicht einfach weg. Gieß doch damit die Blumen.

● Es gibt Durchflußbegrenzer, die man auf den Wasserhahn drehen kann. Dann läuft weniger Wasser durch. Erzähl das mal deinen Eltern.

12. Wir sehen uns am Strand

Rate mal

Was findest du am Strand am meisten?
a) Seeungeheuer   b) Sandburgen   c) massenweise Müll

Rotfeuer! Achtung! Rotfeuer! Achtung! Wir brauchen Hilfe! Unser Strand ist in Gefahr. Das Meer ist verdreckt. Und der Strand ist versaut! Die Sache ist ernst. Viele Tiere leben im Meer. Und wir können auch nicht ohne die Meere leben. Die Luft zum Atmen, die Feuchtigkeit und sogar unser Wetter, all das macht das Meer. Was kann da schon ein einzelnes Kind tun? Den ganzen Ozean kannst du nicht retten . . . aber ein kleines Stück, das kannst du schützen helfen. Deshalb ein paar Ratschläge, wenn du wieder mal an die See fährst.

Wußtest du schon

● Jede Einkaufstüte, jeder Kunststoffmüll tötet Meerestiere, mehr als eine Million Tiere in jedem Jahr.

● Der meiste Abfall fliegt aus den Booten über Bord. Aber eine ganze Menge wird vom Strand ins Meer geschwemmt.

● Und für die Meerestiere sieht der Kunststoffmüll fast aus wie Nahrung. Kunststofftüten sehen im Wasser aus wie Quallen, deshalb fressen Schildkröten die Tüten oft und sterben daran.

● Den Vögeln geht es genauso. Sie verschlucken kleine Kunststoffstücke und verstopfen sich damit den Darm.

● Du kannst Tieren das Leben retten, wenn du den Kunststoff vom Strand sammelst.

Was du tun kannst

● Wirf keinen Abfall auf den Strand.

● Wenn du an den Strand gehst, nimm einen Beutel mit. Darin sammelst du den Abfall und wirfst ihn dann in eine Mülltonne. Ist keine da, dann nimm den Beutel mit nach Hause.

● Vielleicht hast du Lust, einen kleinen Info-Stand am Strand aufzustellen. Lege einfach gesammelten Abfall auf einen Tisch und

Antwort c. Leider vergessen die Menschen, daß viele Tiere am Strand leben.

sprich mit den Leuten über die Gefahren für die Meerestiere.

● Flaschen und Aludosen sammelst du vom Strand und nimmst sie mit zum Recycling.

● Und wenn du angelst, wirf niemals alte kaputte Angelschnur ins Wasser, denn Vögel und Meerestiere verwickeln sich darin und können sterben.

Sieh dich um

● Jedes Jahr gibt es Strandbegehungen, um das Ufer sauberzuhalten. Die Leute gehen am Strand lang und sammeln allen Müll und Dreck. Sie sammeln tonnenweise Abfall und retten damit vielen Tieren das Leben, und sie haben sogar Spaß und frische Luft dabei.

13. Klogespräch

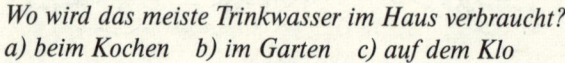

Rate mal

Wo wird das meiste Trinkwasser im Haus verbraucht?
a) beim Kochen   b) im Garten   c) auf dem Klo

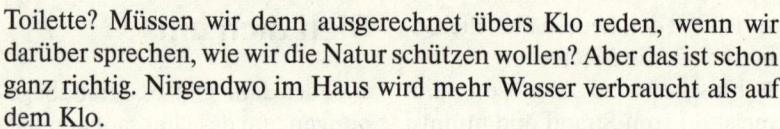

Toilette? Müssen wir denn ausgerechnet übers Klo reden, wenn wir darüber sprechen, wie wir die Natur schützen wollen? Aber das ist schon ganz richtig. Nirgendwo im Haus wird mehr Wasser verbraucht als auf dem Klo.

Und das meiste Wasser wird auch noch verschwendet, denn Toiletten verbrauchen viel mehr Wasser als nötig.

Wie du ein Klo zum Wassersparen bringst? Ganz einfach.

Wußtest du schon

● Jeder Tropfen Wasser, der die Toilette runterrauscht, ist allerbestes Trinkwasser. Kannst du ruhig glauben.

● Denn in den Wasserkasten hinter der Toilette fließt immer Trinkwasser. Wenn du die Taste zum Spülen drückst, zischt es ab in die Kanalisation. Und in den Spülkasten fließt neues Trinkwasser nach.

● Bei jedem Drücken auf die Taste oder Ziehen an der Kette verbraucht die Spülung etwa 9 Liter Wasser. Völlig unnötig in den meisten Fällen.

● Und dann überleg mal, daß jeder ungefähr 5mal am Tag auf Klo geht.

Was du tun kannst

● Frag deine Eltern, ob sie nicht eine Spartaste ins Klo bauen wollen. Dann rauscht das Wasser nur so lange, wie man den Knopf runterdrückt.

Antwort c. Auf dem Klo. Und als es aus der Wand kam, war's noch prima Trinkwasser.

● Oder du spielst »Der heimliche Verdränger«. Das heißt, du tust etwas in den Wasserkasten hinein, dann ist im Wasserkasten weniger Platz für Wasser, und das Klo verbraucht weniger Wasser.

● Mit einer Flasche für Waschmittel oder so geht das am besten.

● Als erstes wird das Etikett von der Flasche abgelöst.

● Dann füllst du kleine Steine in die Flasche zum Beschweren, füllst die Flasche mit Wasser auf und drehst den Verschluß wieder drauf.

● Dann bittest du einen von den Großen, daß er dir den Deckel vom Wasserkasten hochhebt.

● Und du stellst die Flasche in den Wasserkasten. Aber aufpassen, damit das Gestänge im Wasserkasten nicht behindert wird.

● Und jetzt sparst du bei jedem Spülen Wasser. Wieviel? So viele Liter wie in die Flasche passen.

● Du kannst auch Ziegelsteine in den Wasserkasten legen.

Sieh dich um

● Du solltest mal rauskriegen, wie so eine Toilette funktioniert. Dazu hebt dir sicher einer den Deckel vom Wasserkasten hoch. Dann drück mal die Taste. Paß auf, wie sich drinnen der Hebel hebt, das Ventil freigibt, und das Wasser aus dem Kasten ins Klo zischt – und dann ins Abwasserrohr. Und dann warte mal ab, bis der Kasten wieder mit Trinkwasser voll ist. Gar nicht dumm, oder?

● Heute gibt's schon Wasserkästen mit Wasserspartaste. Für kleine und große Mengen Wasser, je nachdem.

● Die meisten Wasserkästen kann man nachrüsten fürs Wassersparen, die braucht der Klempner nicht auszutauschen.

14. Dusch-Pfusch

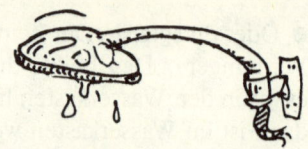

Rate mal

Wie viele Kisten voller Mineralwasserflaschen kannst du mit dem Wasser einer Fünf-Minuten-Dusche füllen?
a) 1   b) 5   c) 7

Stell dir mal vor, du drehst den Wasserhahn auf, aber nichts passiert. Wir müssen heute Wasser sparen, damit so was morgen nicht wahr wird.
Du kannst zum Beispiel nachsehen, ob eure Dusche nicht viel zuviel Wasser verbraucht. Auf der nächsten Seite findest du eine ganz einfache Anleitung.

Wußtest du schon

● Beim Duschen verbrauchst du jede Minute 12 Liter Wasser.
● Wenn du jeden Tag fünf Minuten duschst, dann rauschen da 60 Liter bestes Trinkwasser weg.
● Das sind in einem Jahr etwa 22 Kubikmeter.
● Wer badet, verbraucht mehr als doppelt soviel Wasser wie beim Duschen.
● Dusch-Geheimnis: man kann in die Brause einen Durchflußbegrenzer einbauen. Der spart die Hälfte Wasser. Und dafür wird Luft ins Wasser eingeblasen. Das prickelt und fühlt sich prima an.
● Erzähl das mal deinen Eltern. Die meisten Erwachsenen haben von so was noch nie gehört. Der Klempner hilft weiter, wenn man sich für einen Einhandmischer entscheidet (das sind die Dinger, bei denen man das Duschwasser zwischendurch abstellen kann, und wenn man es wieder einstellt, ist das Wasser genauso warm wie vorher!)

Antwort c. 7 Kisten Mineralwasser, das sind 84 Flaschen!

Sieh dich um

Der extrastarke Superwahnsinns-milchtütenwasserauffangdusch-test:

Vielleicht verbrauchst du ja auch zuviel Wasser beim Duschen, mach lieber mal diesen Test:

● Du brauchst dazu eine Milch-tüte, eine Uhr mit Sekundenzeiger und einen absolut unbestechlichen Zeitnehmer.

● Den Milchkarton biegst du oben schön zum Rechteck auf.

● Dreh die Dusche auf, genauso wie zum Duschen. Dann stellst du dich in die Wanne (wer dazu seine Sachen anläßt, ist bescheuert) und hältst die Milchtüte unter die Brause. Ist die Tüte nach weniger als fünf Sekunden voll, dann verbraucht eure Dusche zuviel Wasser.

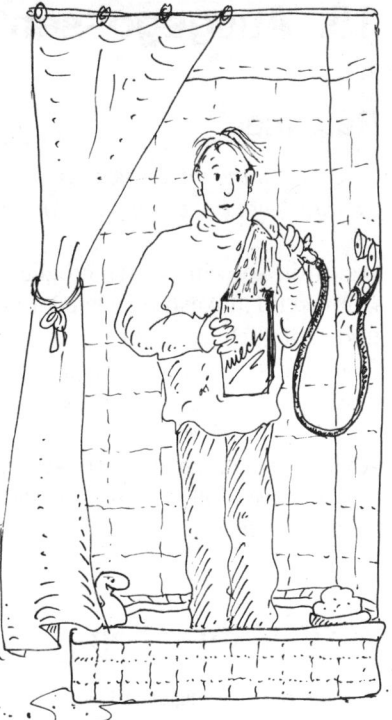

15. Ausgegossen? Ausgeschlossen!

Rate mal

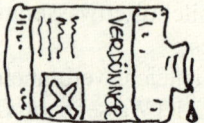

Was hättest du am liebsten im Trinkwasser?
a) Möbelpolitur   b) Lackverdünner   c) Motoröl

Wenn du so schnell wie möglich ein Loch in die Erde gräbst, wann kommst du in Australien wieder raus? Überhaupt nicht, dauert zu lange und geht auch gar nicht.

Aber Wasser, das würdest du finden. In der Erde gibt's eine Menge frisches Wasser. Und wir müssen aufpassen, daß es sauber bleibt, sauber für alle Lebewesen.

Aber wie paßt man auf etwas auf, das unter der Erde liegt? Ganz einfach. Du brauchst bloß aufzupassen, daß nichts in die Erde sickert, was unser Wasser verdreckt.

Wußtest du schon

● Das meiste Wasser auf der Erde ist gar kein Trinkwasser. Zwei Drittel der Erde sind von den Meeren bedeckt, aber Meerwasser ist salzig, das kann niemand trinken.

● Die Gletscher der Polkappen sind zwar aus Süßwasser, aber niemand kann Gletscher trinken. Und melken lassen sich die Gletscher auch nicht.

● Was bleibt noch übrig? Das Wasser in den Seen und Flüssen. Und das unterirdische Wasser, das Grundwasser.

● Wo kommt eigentlich euer Wasser her? Weißt du das? 90 Prozent des Trinkwassers kommt aus dem Grundwasser.

● Das Grundwasser zu verdrekken, ist ganz leicht. Fast alles, was jeden Tag so ausgegossen wird, verdreckt das Grundwasser, denn die Erde saugt alles auf wie ein Schwamm.

Antwort: Gar nichts, klar. Aber wenn wir nicht aufpassen, dann landet das Zeug in unserem Trinkwasser.

● Ein einziger Eimer Lackfarbe oder ein Liter Motoröl macht 1000 Kubikmeter (1 Million Liter!) Trinkwasser untrinkbar. Ein Fünf-Liter-Kanister Benzin verdreckt 3000 Kubikmeter Trinkwasser. Und das ganze Gift (genannt Pestizid), das die Bauern und die Gärtner verspritzen gegen Läuse und Käfer und Raupen, gegen Unkraut und Pilzkrankheiten, sickert erst in den Boden und dann ins Grundwasser.

Sieh dich um

● Paß auf mit allem, was du ausgießt. Unfälle lassen sich nicht vermeiden, aber absichtlich braucht niemand Schadstoffe auszugießen.

● Wenn du nicht genau weißt, wohin mit einer Dose Öl, Lackfarbe oder sonst etwas, frag einen Erwachsenen. Die Dose soll auch nicht in der Nähe kleiner Kinder aufbewahrt werden. Und sie gehört schon gar nicht in den Müll. Bring sie zu einer »Sammelstelle für Sondermüll«.

● Du brauchst ja vielleicht noch nicht so viel Lackfarbe oder Motoröl oder Benzin, aber mit dem Aufpassen kannst du gar nicht früh genug anfangen, und viele Erwachsene machen Fehler.

16. Die Rasen-Wacht

Rate mal

Womit kriegt man Wege und Terrassen am besten sauber?
a) mit einem ganz normalen Besen   b) mit dem Gartenschlauch   c) mit dem Staubsauger

Sprengt ihr euern Rasen? Viele Kinder machen das für ihre Eltern jeden Sommer. Du auch? Dann kriegst du hier ein paar Tips zum Wassersparen.

Wußtest du schon

● Wir verbrauchen im Sommer ein Drittel mehr Wasser als im übrigen Jahr. Wozu? Zum Rasensprengen und Blumengießen.

● Viele Leute glauben, Sprengen sei für den Rasen das Allerbeste. Stimmt aber nicht. Der meiste Rasen wird viel zu sehr bewässert. Mit dem vielen Wasser könnte oft doppelt soviel Rasen bewässert werden. Eine Riesenverschwendung!

● Rasen braucht gar nicht viel Wasser, jede Woche nur ein paar Liter.

Was du tun kannst

● Du sprengst den Rasen nur morgens und abends, wenn es kühl ist, damit möglichst wenig Wasser verdunstet. Das bekommt auch den Pflanzen besser.

● Wenn es windig ist, sprengst du nicht, sonst weht der Wind das Wasser weg.

● Sieh nach, ob der Rasensprenger vielleicht den Bürgersteig oder die Straße bewässert, das wäre schade ums Wasser, da wächst sowieso nichts.

● Blumen- und Gemüsebeete bewässerst du mit Kanne oder Gartenschlauch, und zwar langsam und bis tief in den Boden, damit das Wasser dorthin kommt, wo es gebraucht wird, an die Wurzeln.

● Stell eine Tonne im Garten auf und fang damit das Regenwasser ein. Das Wasser benutzt du dann zum Gießen. Deine Regentonne sollte für Sonnentage einen Deckel haben, damit keine Tiere reinfallen können.

Antwort a. Ein Besen ist immer noch das Beste. Aber viele Leute nehmen einen Gartenschlauch oder Hochdruckreiniger, das verbraucht viel kostbares Wasser.

Sieh dich um

● Es gibt einen ganz einfachen Test, der anzeigt, wie lange der Rasensprenger laufen muß. Wir nennen ihn mal den »Niederschlagsmengen-Meßtest«. Und wir brauchen dazu genau drei Dosen, eine Uhr und ein Zentimetermaß oder Lineal.

● Die Dosen stellst du auf den Rasen. Eine ganz nahe am Rasensprenger, eine etwas weiter weg und eine dorthin, wo der Rasensprenger gerade noch hinkommt.

● Dann drehst du den Rasensprenger an. Alle paar Minuten gehst du nachsehen, wie hoch das Wasser in den drei Dosen steht. Schreib dir das genau auf.

● Addiere die drei Zahlen und teile sie durch drei, dann bekommst du die Durchschnittsmenge. Vielleicht hilft dir jemand dabei.

● Ruf mal bei eurem Wasserwerk an, die können dir sagen, wieviel Wasser euer Rasen in der Woche braucht. Meistens genügen zwei oder drei Zentimeter.

● Und das Regenwasser? Na, das kannst du natürlich abziehen. Kein vernünftiger Mensch sprengt seinen Rasen, wenn es sowieso regnet.

17. Flußpatenschaft

Rate mal

Was findest du so alles in einem Fluß?
a) Fische   b) alte Autoreifen   c) Kieselsteine

An Flüssen und Bächen kann man prima spielen. Da gibt's viel zu entdecken, du kannst ins Wasser waten, Steine schmeißen – und du kannst dich ausruhen. Und wenn du ganz leise bist und ruhig, dann kannst du auch Vögel beobachten und andere Tiere, die am Fluß leben. Aber leider sind viele Flüsse und Bäche verschmutzt und vermüllt. Sie brauchen Hilfe. Du und deine Freunde, ihr könnt eurem Fluß helfen. Ihr übernehmt seine Patenschaft.

Wußtest du schon

● Farbe und Geschmack eines Flusses erzählen allerhand darüber, was dem Fluß so passiert.

● Grünes Wasser: Viele winzigkleine Pflanzen leben im Fluß, die heißen Algen; und wo zu viele Algen leben, haben es die anderen Tiere und Pflanzen schwer.

● Trübes Wasser: Im Wasser sind viele Schwebstoffe, die machen es den Fischen schwer zu atmen. Der Fluß braucht mehr Pflanzen am Ufer.

● Ein regenbogenbunter Film: Da schwimmt Öl auf dem Wasser. Das ist Gift für den Fluß und muß aufhören. Wo kommt es her?

● Schaum auf dem Wasser und Seifenblasen: irgendwo sickert Seife in den Fluß. Wo?

● Es riecht nach faulen Eiern:

Antwort: Du findest alle drei. Aber nur Fische und Kieselsteine gehören hinein.

Schlimme Sache. Da fließen irgendwo Abwässer in den Fluß. Abwässer bringen Krankheitskeime mit, und die gefährden uns und das Wasser. Wer ist der Verursacher?

● Eine gelbe oder rote Schicht auf dem Wasser: Eine Fabrik leitet ihren Dreck einfach in den Fluß.

● Wenn du Fische im Wasser siehst oder viele Käfer und andere Tiere, dann ist das ein gutes Zeichen. Dann ist viel Sauerstoff im Wasser.

Was du tun kannst

● Geh regelmäßig am Flußufer entlang und sammel allen Müll ein, den du findest.

● Mit Freunden und Eltern zusammen kannst du Bäume und Sträucher am Flußufer pflanzen. So wird die Erde bei Regen nicht mehr in den Fluß gespült, denn Pflanzenwurzeln halten die Erde fest. Das schützt viele Tiere.

● Und wenn du eine Stelle findest, wo Öl und Abwässer in den Fluß sickern, dann sag das deinen Eltern oder anderen Erwachsenen.

Sieh dich um

Wenn du mehr darüber wissen willst, wie man Flüsse retten kann, und vielleicht mit Freunden ein Greenteam bilden willst, dann schreib an

Greenpeace e.V.
Vorsetzen 53
2000 Hamburg 11

Rettet die Tiere

Naturgedanken

Warum, um Himmels willen, sollen wir uns um die Tiere kümmern? Du würdest so eine blöde Frage bestimmt nicht stellen. Kinder verstehen viel besser als Erwachsene, warum Tiere so wichtig sind.

Aber gut ist die Frage schon, nämlich um darüber nachzudenken.

Erste Antwort: Jedes Wesen auf der Erde hat ein anständiges Leben verdient. Und dabei können wir ihm helfen.

Zweite Antwort: Jedes Tier ist ein Glied in der Kette des Lebens. Die kleinste Fliege ist genauso wichtig wie der größte Elefant, wenn das Leben auf der Erde überleben soll. Da hat jeder von uns seinen Platz – und seine Aufgabe.

Was passiert schon, wenn eine Tierart ausstirbt? Wir merken das nicht sofort, vielleicht merken wir es überhaupt nicht. Aber die Erde ist ärmer geworden.

Es ist eben wichtig, die Tiere zu schützen. Es macht dich stark. Und – es macht Spaß.

18. Den Vögeln zuliebe

Rate mal

Was frißt ein Kolibri am liebsten?
a) glitschigen Haferschleim   b) süßen Fruchtsaft   c) Maiskolben mit brauner Butter

Ein einziges Flattern und Spritzen. Hast du schon mal Vögeln beim Baden zugesehen? Sie tauchen ein ins Wasser, schütteln sich, schlagen mit den Flügeln, tauchen auf und immer wieder ein. Es gibt nichts, was Vögeln mehr Spaß macht.
Deshalb gibt es in Gärten mit kleinen Vogelbädern auch so viele Vögel. Wer Vogelbäder und Nistkästen im Garten aufstellt, der kann sicher sein: die Vögel kommen zu Besuch.
Und wenn du das tust, dann machst du nicht nur den Vögeln eine Freude, du schützt auch die Umwelt.

Wußtest du schon

● Vögel haben immer Hunger. Sie brauchen soviel Energie, daß sie immerzu fressen müssen.
● Besonders im kalten Winter fressen Vögel manchmal vier Fünftel ihres Körpergewichts am Tag.
● Wieviel das ist? Na, wenn du 50 Pfund wiegst, dann müßtest du vom Aufstehen bis zum Schlafengehen 40 Pfund essen. Das kannst du nicht? Vögel können das.
● Vögel brauchen Trinkwasser, ganz besonders im Sommer, und Wasser zum Baden. Sie haben zwischen 1000 und 25000 Federn, also eine ganze Menge zu waschen.

Was du tun kannst

● Sorg im Winter für die Vögel. Mach mal Vogelfutter aus Erdnüssen: Ungesalzene Erdnüsse, noch in der Schale, kannst du an einen Faden binden und aufhängen. Aber immer nur einen an jeden Faden, damit der Vogelkot auf den Boden, nicht auf die Erdnüsse fällt.
● Noch was: Steck einen Kieferzapfen in weichen Talg und häng den Zapfen draußen auf. Viele Vögel mögen Talg, du wirst staunen.
● Auch Apfelschalen kannst du auf den Rasen werfen, da freuen sich die Amseln.

Antwort b. Am liebsten saugen Kolibris den süßen Saft aus Blüten oder Zuckersirup.

● Du baust ein Vogelbad:
Such dir eine flache Schale aus Keramik oder Kunststoff, vielleicht einen Blumenuntersetzer. Aber nimm keine Schale aus Metall, die wird im Sommer zu heiß und im Winter zu kalt. Und oben muß die Schale eine griffige Kante haben, damit sich die Vögel gut auf den Rand setzen können.

● So ein Vogelbad darf nicht zu tief sein, fünf Zentimeter Wasser sind genau richtig. Und du paßt auf, daß immer Wasser im Vogelbad ist.

● Wenn ihr Katzen habt, bei euch oder in der Nachbarschaft, dann müssen die Vögel nach allen Seiten freie Sicht haben im Bad. Du kannst das Vogelbad auch in einen Baum hängen.

Sieh dich um

Wenn du mehr wissen willst über Vogelschutz und Vogelfütterung, dann schreib an:

Naturschutzbund
Deutschland
Am Hofgarten 4
5300 Bonn 1

19. Hinten bei euch im Hof

Rate mal

Wen lockt ein Johannisbeerstrauch an?
a) kleine grüne Männchen   b) Schmetterlinge   c) Grizzlybären

Wo leben die wilden Tiere?
Im Urwald? Ja.
Im Wald? Na klar.
Draußen in der Natur? Und wie.
Aber in den Städten, den Vorstädten und bei euch im Hof leben sie auch.
Wilde Tiere? Ganz genau.
Eichhörnchen, Vögel, Schmetterlinge und noch viele andere Tiere leben ganz in unserer Nähe. Und alle sind ein Teil der Natur. Und du kannst ihnen helfen.

Wußtest du schon

● Bäume, Büsche und Blumen geben vielen Tieren Nahrung und Schutz, auch bei euch im Hof.
● Mit wilden Blumen kannst du Schmetterlinge anlocken.
● Bienen und Hummeln und Falter mögen süße Blüten.
● Manche Pflanzen, sie werden Einjährige genannt, locken viele Vögel an. Warum? Weil sie viele Samen tragen. Und Vögel mögen Samen schrecklich gern. Sonnenblumen, Zinnien und Astern sind zum Beispiel Einjährige.

Antwort b. Du schaffst einen Platz für Tiere, schon wenn du den richtigen Busch pflanzt.

Was du tun kannst

● Plane und pflanz mal ein Beet oder einen Blumenkasten voll mit Blumen, die Tiere in euren Hof locken.

● Leg eine Hecke an als Schutz für viele kleine Tiere. Wenn die Tiere wissen, daß sie sich bei euch auch verstecken können, kommen sie gern.

● Frag in einer Gärtnerei, welche Pflanzen die richtigen sind als Schutz und Nahrung für eure neuen »Nachbarn«.

Sieh dich um

Der WWF hilft allen Kindern, die Natur zu schützen, ob bei euch im Hinterhof, auf eurem Schulhof oder im Garten. Er schickt dir Unterlagen, um den Garten zu planen und sagt dir, welche Pflanzen die besten sind.
Schreib an:

Umweltstiftung
WWF-Deutschland
Hedderichstr. 110
6000 Frankfurt am Main 70

20. Laß dich nicht bekäfern

Rate mal

Wovon gibt's auf der Erde am meisten?
a) Menschen b) Ameisen c) Hunde

Insekten? Igitt! Wozu sind die denn gut?
Insekten sind die Gesundheitspolizei der Erde. Ohne Insekten könnten
wir gar nicht leben.
Wirklich nicht? Wirklich nicht!

Wußtest du schon

● Es gibt große Würmer und auch
kleine, aber ohne Würmer gäb es
keine Lebensmittel. Das kannst du
gerne glauben. Und warum? Weil
sie sich ihren Weg durch den Dreck
fressen, und hinten kommt gute
Erde raus, genau richtig zum
Pflanzen.
● Auf einer Fläche so groß wie ein
Fußballfeld leben etwa 2 Millionen Würmer.
● Bienen sind auch sehr nützlich.
Sie fliegen von Blüte zu Blüte,
sammeln Pollen. Für einen Löffel
Honig müssen sie 60000 Blüten
besuchen, und dabei befruchten
sie mit dem Pollen viele tausend
Blüten. Und aus den befruchteten
Blüten machen die Pflanzen neuen

Samen, damit immer mehr Pflanzen wachsen. Und weil wir Pflanzen zum Leben brauchen, brauchen wir auch die Bienen zum
Leben.
● Auf der Erde gibt es Tausende
von verschiedenen Spinnen.
Hübsch sind sie nicht gerade, aber
sie machen uns das Leben leichter.

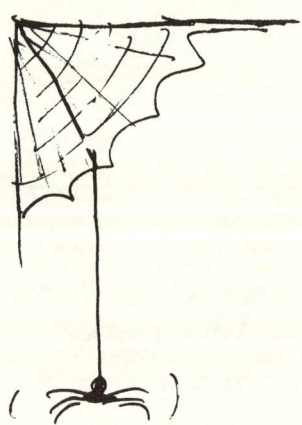

Antwort b. Es gibt mehr Ameisen als Menschen oder Hunde, viel mehr sogar als
Menschen und Hunde zusammen.

Wieso? Weil sie Insekten fressen, Mücken und Fliegen und so weiter. Ohne Spinnen hätten uns die anderen Insekten schon längst überrollt. Und die Wissenschaftler schätzen, daß alle Insekten, die jedes Jahr von Spinnen gefressen werden, soviel wiegen wie die ganze Menschheit.

Was du tun kannst

● Wenn du wieder mal einen Käfer auf dem Bürgersteig rumkrabbeln siehst, dann nimm ihn und setz ihn ins Grüne, wo keiner auf ihn drauftritt. Rette sein Leben!

● Wenn du Insekten findest bei euch im Haus, dann hilf ihnen raus. Oder du läßt sie in Ruhe, damit sie selber hinausfinden, vielleicht durchs offene Fenster. Du kannst sie auch vorsichtig auf ein Stück Papier setzen und vor die Tür tragen. Insekten wollen nicht ins Haus, sie kommen aus Versehen hinein.

● Und beobachte doch mal eine Spinne. Du wirst dich wundern. Und bestimmt keine mehr totschlagen. Wenn du wieder eine Spinne siehst, die gerade ihr Netz webt, dann sieh zu.

Sieh dich um

● Wenn du den nächsten Apfel ißt, dann wirf das Gehäuse nicht weg. Leg es im Garten mal in eine Ecke. Jeden Tag nachsehen. Da fressen nämlich kleine Käfer dran rum oder tragen kleine Stücke weg. Die Käfer helfen mit, das Gehäuse zu zersetzen. Sie räumen auf mit dem natürlichen Abfall, und sie schützen damit die Natur.

21. Verwenden, nicht verschwenden

Rate mal

Warum ist die Hälfte aller afrikanischen Elefanten verschwunden?
a) aus Altersschwäche   b) sie sind in den warmen Süden gezogen   c) sie
wurden von Menschen abgeschlachtet wegen ihrer Zähne aus Elfenbein

Das ist ja unglaublich! Einkaufen im Supermarkt kann wilden Tieren in Afrika das Leben retten? Oder einem Delphin im Ozean? Aber es stimmt. Alles was wir tun, auch Einkaufen, beeinflußt den Rest der Welt.

Wußtest du schon

● Viele Dinge kommen in unsere Geschäfte aus Ländern wie Brasilien, Kenia oder Südafrika; und manche Dinge, die wir hier kaufen, haben Einfluß auf die Tierwelt in den fernen Ländern.

● Ein Beispiel: Weil die Leute Elfenbein kaufen, schießen Jäger die Elefanten zu Hunderten und Tausenden ab. Und die Sachverständigen sagen, wenn das so weitergeht, sind die Elefanten bald ausgerottet. Alles nur, weil manche Leute Geld für Elfenbein bezahlen.

● Oder die Delphine: Delphine sind hochintelligente, friedliche Tiere, haben ein großes Gehirn und können sich sehr gut miteinander verständigen. Auch mit den Menschen. Delphine sind fabelhaft. Aber sie schwimmen oft in der Nähe von Thunfischen durchs Meer. Und wenn ein Fischer seine riesigen Netze auswirft, dann fängt er nicht nur Thunfische, sondern auch Delphine. In den vergangenen Jahren sind 6,5 Millionen Delphine so gefangen worden. Und wenn die Delphine nicht unter Wasser im Netz ersticken, sie müssen ja Luft atmen, dann schlachten die Fischer sie ab. Brauchen können sie die Delphine allerdings nicht.

Was du tun kannst

● Kauf nichts aus Elfenbein, Schildpatt, Koralle, Reptilleder oder Wildkatzenfell und sprich die Leute an, die solche Sachen haben oder kaufen wollen. Frag die Erwachsenen, ob sie wirklich Schildkrötensuppe, Froschschenkel oder Wachteln essen müssen.

Antwort c. Kaum zu fassen – aber leider trotzdem wahr.

● Sieh dich um nach gefährdeten Tieren und Pflanzen bei euch in der Nachbarschaft. Naturparks und Naturschutzorganisationen sagen dir, welche Tiere und Pflanzen gefährdet sind.

● Schwierig wird's mit dem Thunfisch. Da mußt du wissen, was du tust. Möchtest du gern Thunfisch essen? Und möchtest du auch gern die Delphine vor den Fischernetzen schützen? Das mußt du ganz allein entscheiden, das kann dir niemand abnehmen.

Sieh dich um

● Die Naturschutzorganisationen schicken dir Listen, in denen verzeichnet ist, welche Tiere und Pflanzen bei uns gefährdet sind.

22. Adop-Tiere!

Rate mal

Was mögen Schmetterlinge?
a) Kokospalmen   b) Wiesen   c) Pommes mit Ketchup

Immer mehr Tierarten sind bedroht. Elefanten werden gejagt – nur für das bißchen Elfenbein, das kein Mensch wirklich braucht. Junge Robben werden getötet – nur um aus den Fellen Mäntel zu machen; als ob wir keine anderen Stoffe hätten.
Es ist nicht einfach, Tieren in anderen Ländern zu helfen, aber du kannst zum Beispiel Briefe an die Botschafter der Länder schreiben.

Wußtest du schon

● Jede Woche sterben 20 Pflanzen und Tiere aus. Sie verschwinden für immer von der Erde. Deshalb ist es gut, daß viele Leute helfen wollen.

● Gerade unsere liebsten Tiere sind gefährdet: der Panda etwa, das Nashorn und der afrikanische Elefant.

● Aber auch bei uns vor der Haustür gibt es viele Tiere, die bedroht sind und um die wir uns kümmern sollten. Frösche und Schmetterlinge brauchen dringend deine Hilfe. Und auch den Igeln, Vögeln und Eichhörnchen kann man im Winter helfen.

Was du tun kannst

● Hilf den Schmetterlingen. Sorge dafür, daß in eurem Garten keine Insektenvernichtungsmittel und Unkrautbekämpfungsmittel gesprüht werden.

● Laßt es in einer Ecke im Garten wuchern. Schmetterlinge brauchen Wiesen und keinen Rasen, sie brauchen heimische Pflanzen und keine exotischen. Der Gärtner hilft weiter, wenn du wissen willst, welche Blumen die Schmetterlinge lieben.

Antwort b. Schmetterlinge lieben Wiesen, weil sie dort Nahrung finden.

● Laßt auch in einer Ecke die Brennesseln stehen. Darauf sitzen die Raupen gern.

● Sammle keine Schmetterlinge. Fotografiere sie lieber!

● Frösche und Kröten leben in feuchten Wiesen, Feldern und Wäldern. Zum Laichen gehen sie zum Tümpel oder See, wo sie selbst Kaulquappen waren. Wenn sie auf der Wanderung eine Straße überqueren müssen, werden viele Tiere überfahren. Sorge für Krötenzäune, wenn du eine Stelle bemerkst, wo viele Frösche überfahren werden. Wende dich an die Gemeinde.

● Vielleicht könnt ihr in der Schule ein Projekt auf die Beine stellen und einen Tümpel anlegen. Aber Vorsicht, zerstört dabei keinen anderen wichtigen Lebensraum.

● Hühner werden oft in winzigen Käfigen ohne Auslauf gehalten. Sie können nur fressen und Eier legen. Die Eier fallen auf ein Fließband und werden verpackt. Diese Hühner führen ein elendes Leben. Kaufe nur Eier von Hühnern, die frei herumlaufen dürfen.

23. Lieblings Gift

Rate mal

Wie viele Hunde und Katzen gibt es in Deutschland?
a) 10 Tausend   b) 1 Million c) 10 Millionen

Kratz, kratz, kratz. Wenn du zuguckst, wie sich ein Hund oder eine Katze kratzt, weil die Flöhe so jucken, dann dauert's nicht lange, und es juckt dich selber. Und wenn es dein Hund ist oder deine Katze, dann möchtest du gerne helfen.

Und es gibt viele Möglichkeiten, die Flöhe loszuwerden, ein Flohhalsband zum Beispiel oder Flohpuder. Aber die meisten sind nicht gerade gesund, für dich nicht, für Hund und Katze nicht und für die Natur auch nicht. Denn sie enthalten Gifte, die heißen Pestizide.

Wenn Pestizide hergestellt oder benutzt werden, dann ist das gefährlich. Und deshalb ist es bestimmt eine gute Idee, wenn ihr etwas anderes nehmt als Pestizide, du, dein Hund und deine Katze.

Wußtest du schon

● Es gibt 19 Tausend verschiedene Arten von Flöhen!

● Die Pestizide sind für Hund und Katze manchmal genauso gefährlich wie für die Flöhe. Von einigen Stoffen in den Flohhalsbändern vermutet man, daß sie Krebs erzeugen.

● Die meisten Flöhe leben gar nicht auf Hund oder Katze, die leben im Haus. Vier Fünftel aller Flöhe verstecken sich in Teppichen und Ritzen, hinter den Fuß-

leisten und so weiter. Wenn du also nur etwas gegen die Flöhe unternimmst, die auf Hund oder Katze sitzen, dann reicht das nicht.

Was du tun kannst

● Wenn du Hund und Katze öfter mal mit Seife badest, dann werden viele Flöhe ersäuft.

● Und kämm Hund und Katze immer mit einem Staubkamm. Bei einem Staubkamm stehen die Zäh-

Antwort c. Jeder sechste hat einen Hund oder eine Katze.

ne so eng, da bleibt jeder Floh drin hängen. Den kannst du mit dem Fingernagel knacken, wenn du ihn kriegst, bevor er wegspringt. Oder du tauchst den Kamm in eine Schüssel mit Seifenwasser, da kann der Floh nicht mehr raus.

● Wenn die Flöhe aber schon in der Wohnung herumspringen, dann mußt du eine Flohfalle bauen. Dazu stellst du eine flache Schüssel mit Wasser auf den Boden, direkt unter eine Lampe. Die Flöhe springen zum Licht und fallen ins Wasser. Wenn du in die Schüssel noch etwas Spülmittel tust, dann können sie nicht mehr heraus.

Sieh dich um

● Geh in eine Zoohandlung und sieh dir all die Flohmittel an, die dort verkauft werden. Lies die Etiketten. Vielleicht verstehst du nicht alles, was draufsteht, aber auf vielen steht eine Warnung mit Totenkopf. Das bedeutet, diese Flohmittel enthalten Gifte. Und viele müssen ziemlich oft benutzt werden, oder wie die Flohhalsbänder immerzu. Da ist es bestimmt besser, solche Mittel nicht zu nehmen, besser für dich und den Hund und die Katze.

24. Schön festhalten!

Rate mal

Was solltest du mit Luftballons nicht machen?
a) Geburtstag feiern   b) eine Faschingsfete ausschmücken   c) an die Wale verfüttern

Luftballons! Groß und glänzend, hüpfend und springend. Fabelhaft! Da, jetzt hat sich einer losgerissen, fliegt hoch in den Himmel, wird kleiner und immer kleiner. Und auf einmal ist er weg.
Wohin der wohl fliegt? Bis hinauf in den Weltraum?
Na, nicht ganz.
So nach und nach verliert der Ballon sein Gas, dann wird er schwerer und sackt auf die Erde zurück. Und gerade das ist gefährlich für Vögel und andere Tiere.

Wußtest du schon

● Freigelassene Luftballons werden vom Wind oft aufs Meer hinausgetragen. Bei richtigem Wind sind 200, 300 Kilometer ein Klacks für so einen Ballon.

● Und das Salzwasser im Meer wäscht nach und nach die Farbe aus dem Ballon. Dann ist er fast durchsichtig.

● Manche Meerestiere denken dann, so ein Ballon ist was zum Fressen.

● Schildkröten zum Beispiel fressen Quallen, und durchsichtige Ballons, die im Wasser schwimmen, sehen fast genauso aus wie Quallen. Der Luftballon kann einer Schildkröte den ganzen Magen verstopfen. Und dann stirbt sie.

● Fischer haben sogar tote Wale gefunden und aufgeschnitten. Und im Wal haben sie Luftballons gefunden, an denen die Wale gestorben sind.

● Und noch eine Gefahr: Wenn die silbrig glänzenden Luftballons (die sind aus einem Kunststoff, der Mylar heißt) in Überlandleitungen fliegen, dann kann es passieren, daß bei vielen Leuten der Strom ausfällt.

Antwort c. Wir sollten nicht, aber wir tun es. Luftballons fliegen weit hinaus ins Meer und werden dort von Tieren verschluckt.

Sieh dich um

● Probier mal deine Kraft aus und versuch, einen Luftballon in zwei Teile zu zerreißen. Einfach ist das nicht, vielleicht schaffst du es überhaupt nicht. Und das heißt nicht, daß du ein Schlappi bist. Das heißt, Luftballons sind enorm haltbar; und deshalb sind sie für Tiere so gefährlich.

Was du tun kannst

● Laß keine Luftballons fliegen, absichtlich schon gar nicht.

● Bind sie dir am Handgelenk fest, am Schuhband, an der Armbanduhr oder sonstwo.

● Und wenn bei einer Schulfeier, einem Sportfest oder so wieder Luftballons freigelassen werden sollen, dann sag den Leuten, wie gefährlich das für viele Tiere ist. Die meisten Leute wissen gar nicht, daß Luftballons tödlich sein können.

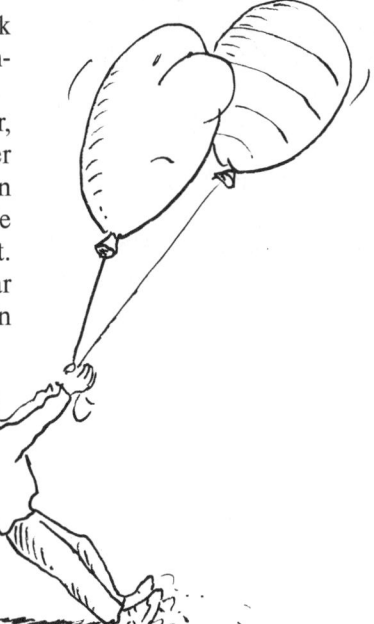

25. Kleiner Dreck ist auch Dreck

Rate mal

Was ist echter Abfall?
a) Gänseklein   b) ein Blumenstrauß   c) ein Bonbonpapier

Wann hat eure Straße was mit einer Mülltonne gemeinsam?
Klar, wenn dort Abfall rumliegt.
Sieht nicht gut aus, oder? Wo Bonbonpapier, Coladosen, Zeitungen von
gestern und so weiter herumliegen, da sieht es aus, als ob sich niemand
um die Umwelt kümmert.
Aber das ist noch nicht das Schlimmste an dem Müll. Müll ist gefährlich
für viele Tiere. Müll kann töten.
Wenn du also das nächste Mal was wegwirfst, dann hast du es selber in
der Hand, Tiere zu schützen oder nicht. Wirf deinen Abfall nicht in die
Gegend, wirf ihn in die Mülltonne.

Wußtest du schon

● Rehe und Hirsche und andere
Tiere zerschneiden sich die Zunge
an Limodosen. Und viele Käfer
und Fliegen kriechen hinein, um
an den Zucker zu kommen. Aber
sie finden nicht mehr hinaus.

● Viele Tiere sterben, wenn sie
Kunststoff fressen, Bonbonfolien
oder Hartschaum.
● Eichhörnchen und andere kleine
Tiere stecken den Kopf in Kunst-
stoffdosen und Flaschen, weil sie
sich die Essensreste herausholen
wollen. Und dann bleiben sie mit
dem Kopf darin stecken.

● Selbst wer abgegessene Äpfel
an den Straßenrand wirft, der muß
damit rechnen, daß die angelock-
ten Tiere überfahren werden.

Antwort c. Es gibt fast nichts, was du wegwirfst und was kein Müll ist.

● Und wie lange liegt der Müll so rum? Ein Stück Papier verrottet erst nach einem Monat wieder zu Erde. Ein Wollsocken braucht dafür schon ein Jahr. Und eine Coladose ist noch in 200 Jahren eine Coladose.

Was du tun kannst

● Wirf deinen Müll in die Mülltonne, nicht auf den Boden.

● Wenn du Müll herumliegen siehst, heb ihn auf und wirf ihn in die nächste Tonne.

● Wenn ihr eine Fahrradtour macht, deine Freunde oder deine Eltern und du, dann nimm eine Mülltüte mit; für euren Abfall und für den Müll am Straßenrand.

● Macht an eurer Schule mal eine richtige Müll-Treibjagd.

26. Sechserpack-Ringe

Rate mal

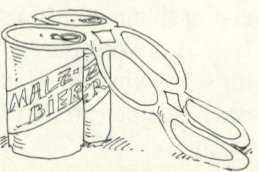

Was ist am Strand denn meistens so zu finden?
a) Zebras   b) Sechserpack-Ringe   c) Trompeter

Ihr habt doch alle schon mal Sechserpack-Ringe gesehen; diese gelochte Folie, mit der immer sechs Dosen Cola, Mineralwasser oder Bier zusammengehalten werden. Hast du schon mal welche von den Dingern weggeworfen? Und genau an diesem Punkt kannst du die Umwelt schützen. Das glaubst du nicht?

Wußtest du schon

● Viele von den Sechserpack-Ringen werden ins Meer geweht, weil die Leute das Zeug einfach am Strand liegenlassen. Oder die Leute werfen sie zwar in Abfalltonnen, aber die Tonnen sind voll, und der Wind weht sie von dort ins Wasser.

● Schwimmen die Ringe erst einmal im Wasser, dann sind sie für die Tiere im Meer unsichtbar. Und die Tiere werden nicht nur gefährdet, sie werden sogar getötet durch die Sechserpack-Ringe.

● Möwen und andere Seevögel können sich in den Ringen verfangen, können den Schnabel oder den ganzen Hals durchstecken, wenn sie im Wasser nach Futter suchen, können sich an den Ringen erwürgen.

Antwort b. Leider, denn viele Leute lassen ihren Abfall einfach liegen.

● Auch Fische verfangen sich in den Sechserpack-Ringen. Wenn die Fische noch wachsen, dann schneiden die Ringe mit der Zeit immer tiefer ins Fleisch.

● Auch ganz junge Robben verfangen sich mit dem Kopf in den Ringen.

Was du tun kannst

● Du kannst die sechs Ringe mit der Schere durchschneiden, alle Sechserpack-Ringe, die du irgendwo findest. Einmal aufgeschnitten wird sich kein Tier mehr darin verfangen.

● Vor allem aber, wenn du schon Dosen kaufen mußt, dann keine, die in Sechserpack-Ringen angeboten werden. Sechserpack-Ringe können noch nicht recycelt werden. Sie werden nur einmal gebraucht und dann für immer auf den Müll geworfen.

● Getränke aus dem Supermarkt kannst du auch in Körben, leeren Kartons oder Tragetaschen mit nach Hause nehmen. Niemand braucht die Sechserpack-Ringe wirklich, wir nicht und die Natur erst recht nicht.

Sieh dich um

● Geh mal zum nächsten Supermarkt in die Getränkeabteilung. Sieh dir an, wie viele Dosen mit Sechserpack-Ringen zusammengehalten werden. Und jetzt zähl die Sechserpack-Ringe, aber zählen, nicht bloß schätzen. Und dann stell dir vor, wie viele solcher Supermärkte es gibt, hier bei uns, in Europa, überall auf der Erde.

27. Ein Vogel in Mark und Pfennig

Rate mal

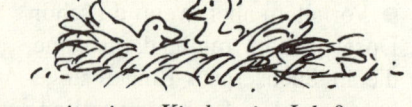

Wie viele Insekten frißt ein Meisenpaar mit seinen Kindern im Jahr?
a) ein Kilo b) 10 Kilo c) 75 Kilo

Es gibt Länder, da werden Singvögel mit Schrotgewehren geschossen. Das glaubst du nicht? Stimmt aber. Und die Abknaller kommen sich auch noch toll dabei vor.

Es gibt viele Leute, die gar nicht wissen, wie nützlich die Singvögel sind, nützlich für uns Menschen und für die Umwelt. Aber wie nützlich ist denn so ein Vogel wirklich? Kann man das ausrechnen? Klar.

Wußtest du schon

● Ein Blaukehlchenpaar würde in der Schlachterei, nach Gewicht verkauft, etwa 20 Pfennige kosten.

● Aber ein Blaukehlchen frißt viele tausend Insekten. Um so viele Insekten zu töten, müßte der Bauer für DM 50 Insektengift spritzen, und das trifft nicht nur die Insekten.

● Vögel machen Spaß. Sie sehen hübsch aus und singen. Dafür rechnen wir mal 20 Mark. Radio und Fernsehen sind schließlich auch nicht umsonst. Macht für jedes Blaukehlchen schon DM 70.

● Vögel pflanzen viele Bäume und Sträucher, denn sie tragen Samen im Darm mit fort; und anderswo kommt der Samen gleich gut gedüngt in die Erde. Macht noch mal DM 30, zusammen also DM 100, ein Förster bekommt schließlich auch Geld.

● Dadurch verbreiten sich Pflanzen und Tiere viel besser als von allein, das nennt man Artenvielfalt. Macht noch mal DM 30, zusammen also DM 130.

● Kranke Vögel zeigen an, wo etwas faul ist mit der Umwelt. Oft sterben Vögel schon, bevor die Wissenschaftler von Umweltschäden erfahren. Wenn irgendwo tote Vögel entdeckt werden, kann schnell etwas gegen Umweltschäden getan werden. Wieder DM 20, macht zusammen DM 150.

● Jeder einzelne Singvogel hat seinen festen Platz in der Natur. Wo er fehlt in der Natur, schadet es allen,

Antwort c. Guten Appetit!

wo er da ist, nützt es allen. Noch mal DM 20, zusammen DM 170.

● Ein Blaukehlchen wird etwa 5 Jahre alt. Fünf mal DM 170, das macht DM 850.

● Und das alles für 20 Pfennige im Schlachterladen?

Was du tun kannst

● Du kannst den Vögeln ein Zuhause geben.

● Du kannst Bäume und Sträucher in den Garten setzen, wo Vögel viel Futter finden.

● Du kannst den Vögeln, die das Jahr über bei uns bleiben, in kalten Wintern mit einem Futterplatz helfen.

● Bau einen Nistkasten und häng ihn auf.

● Sieh dir an, welche Vogelarten bei euch in der Nähe häufig vor-

kommen. Dann versuche herauszubekommen, welche Nistkästen sie brauchen. Der Naturschutzbund kann dir weiterhelfen.

● Bau ein Vogelbad (siehe Seite 63).

Sieh dich um

● Geh mal in eine Tierhandlung und sieh dir die vielen verschiedenen Nistkästen an, jeder ist für einen anderen Singvogel. Nistkästen, die zu schwer zu bauen sind, kann man auch kaufen.

● Wenn du mehr darüber wissen willst, wie du den Vögeln und der Umwelt helfen kannst, dann schreib an:

Naturschutzbund Deutschland
Am Hofgarten 4
5300 Bonn 1

Für eine grüne Erde

Grün-Gedanken

Wenn du mal ganz grün aussiehst, dann geht's dir sicher ziemlich mies. Aber wenn die Erde grün ist, dann ist sie gesund.

Eine grüne Erde bedeutet, daß die Pflanzen wachsen. Es bedeutet guten Boden, genug Wasser, saubere Luft und viele Tiere, die Platz und Futter haben.

Gute Nachricht: Jeder kann mithelfen, daß unsere Erde grün bleibt. Das ist ganz einfach.
Du kannst Samen in die Erde legen, gießen und zusehen, wie eine Pflanze daraus wächst.
Du kannst Papier sparen, dann müssen weniger Bäume gefällt werden.
Und du kannst Pflanzen »adoptieren« und ihnen helfen, damit sie es besser haben.

Noch was Wichtiges von den Pflanzen, besonders von den Bäumen: Pflanzen bekämpfen den Treibhauseffekt der Erde, und sie allein machen den ganzen Sauerstoff, den wir zum Atmen brauchen.

Ist doch toll, oder?

Wir brauchen viel mehr Grün auf unserer Erde. Pflanzen wir's an.

28. Kommt gar nicht in die Tüte

Rate mal

Welche Tüte ist zum Einkaufen am besten?
a) die aus Kunststoff b) die aus Stoff c) die aus Papier d) die Knalltüte

Ist dir das auch schon mal aufgefallen? Alles, was wir kaufen, kommt in eine Tüte. Auch wenn es nur ein Stück ist, immer in die Tüte. Beim Fleischer die Frikadelle, das Netz mit Apfelsinen, der Schoko-Riegel, die Tüte Chips, immer noch mal in die Tüte. Tüte in der Tüte, ist doch verrückt!
Und das passiert jeden Tag und überall. Und zu Hause werfen wir die Tüte einfach weg.
Eine Riesen-Verschwendung! Tüten werden doch aus den Schätzen der Erde gemacht. Papiertüten aus abgehackten Bäumen, Kunststofftüten aus Erdöl. Und schon ihre Herstellung macht eine Menge Dreck. Aber du kannst abhelfen. Wenn die Verkäuferin fragt:»Soll ich's einpacken?«, kannst du sagen:»Nein danke«, denn du hast deine eigene Einkaufstüte mitgenommen.

Wußtest du schon

● Stell dir mal vor, du hast einen Baum, vielleicht fünfzehn Jahre alt, und du willst Papiertüten daraus machen. Dann lassen sich aus dem ganzen Baum nur 700 Papiertüten machen.
● Und jetzt geh mal auf den Wochenmarkt und sieh dir an, wie lange diese 700 Tüten reichen. Nicht eine Stunde.

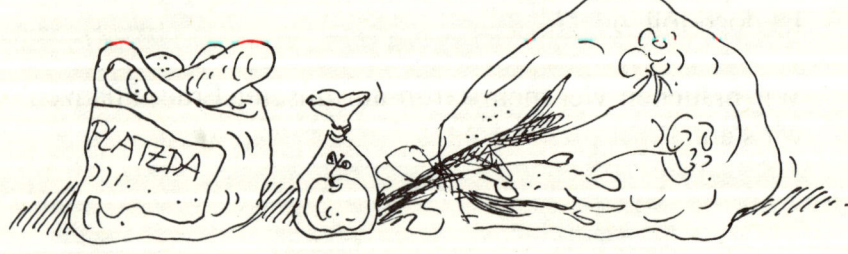

Antwort b. Einkaufsbeutel aus Stoff halten am längsten. Das spart Rohstoffe.

● In manchen Ländern gibt's gar nicht genug Bäume, um Papier daraus zu machen. Dort tragen die Leute ihre Einkäufe in Tüchern nach Hause, in Kisten und Krügen. So geht's auch.

Was du tun kannst

● Wenn du wieder mal nur eine Kleinigkeit einkaufst, dann sag, daß du keine Tüte möchtest. Sag's aber höflich: »Nein danke, der Baum oder die Bodenschätze sind mir lieber.«

● Und wenn der Verkäufer die Sachen schon eingepackt hat, kannst du immer noch sagen: »Schönen Dank, aber die Tüte brauch ich nicht.«

● Du kannst dir die Tragetasche zum Einkaufen auch mitbringen, vielleicht die Kunststofftüte, die du gestern bekommen hast. Oder besser noch eine Tüte aus Stoff. Die hält länger. Wieder ein Stück Naturschutz.

Sieh dich um

● Stell dich beim Supermarkt mal neben die Kassen und sieh dir an, wie viele Tüten die Leute wegtragen. Und stell dir vor, das tun die Leute in vielen Teilen der Erde. Kannst du dir vorstellen, wie viele Bäume jeden Tag gefällt und wie viele Tonnen Erdöl jeden Tag gebraucht werden, um so eine Masse Tüten herzustellen?

29. Hast du keinen, pflanz dir einen

Rate mal

Was bringt ein Apfelbaum außer Äpfeln?
a) Luft zum Atmen   b) Blattläuse   c) Birnen

Kannst du dir etwas vorstellen, was uns Papier gibt, Früchte, Nüsse, Balken und Bretter, etwas, auf dem die Vögel leben, etwas, auf dem Kinder herumklettern, etwas, das die Luft sauberhält und (jetzt wird's gemein) kein Baum ist?
Denk nach, laß dir ruhig Zeit. Denn mit der richtigen Antwort kannst du die Natur schützen.
Hast du es raus?
Die Antwort ist – NEIN! Nichts kann Bäume ersetzen! Eben deshalb sind sie so wichtig!
Wir brauchen eine Welt voller Bäume. Dabei kannst du mithelfen. Du kannst einen Baum pflanzen.

Wußtest du schon

● Jeder Deutsche verbraucht im Jahr 5 Bäume, als Papier, Pappe und Karton, Stuhl und Schrankwand und Frühstücksbrett. Das sind Millionen und Millionen Bäume jedes Jahr!
● Bäume nehmen Kohlendioxid auf, das ist das Gas, das Tiere und Menschen ausatmen. Aber auch Autos und Fabriken stoßen Kohlendioxid aus, wenn sie Erdöl oder Kohle verbrennen. Wer zuviel Kohlendioxid einatmet, muß ersticken.

Antwort a. Alle Bäume und Pflanzen erzeugen den Sauerstoff, den wir zum Atmen brauchen.

● Früher hat es weniger Kohlendioxid in der Luft gegeben, heute gibt es zuviel. Denn Millionen von Autos und Fabriken blasen immerzu Kohlendioxid in die Luft, aber Milliarden von Bäumen, die das Kohlendioxid hätten aufnehmen können, sind ja schon abgeholzt. Es sind zu wenig Bäume geworden und zu viele Abgase.

● Bäume schützen: Im Sommer geben sie Schatten, im Winter halten sie Eiswinde ab. Das spart Energie. Häuser im Windschatten von Bäumen müssen nicht so stark beheizt werden, das spart Kohle, Erdöl oder Gas. Bäume sind also Energiesparer.

● Bäume zu pflanzen macht Spaß und ist mit das Beste, die Umwelt zu schützen. Bäume holen das Kohlendioxid aus der Luft, sehen gut aus, geben Schatten und den Tieren eine Heimat. Ihr werdet zusammen groß, du und dein Baum, und ihr beide könnt stolz darauf sein, wie ihr die Umwelt schützt.

Was du tun kannst

● Überleg mal, was für einen Baum du pflanzen möchtest. Vielleicht gehst du mit deiner Familie in einen Botanischen Garten (da gibt's enorm viele Arten von allen möglichen Pflanzen), in einen Park oder in den Wald.

● Viele Leute in so einem Garten oder Park sind hilfsbereit und können auch Fragen beantworten wie diese: Welche Bäume wachsen schnell und brauchen wenig Gießwasser? Welche Bäume ziehen viele Vögel und andere Tiere an. Darüber mußt du mit solchen Naturfreunden und auch mit deiner Familie reden.

● Geh mit Vater oder Mutter mal in eine Gärtnerei oder eine Baumschule. Auch dort mußt du den

Leuten ein Loch in den Bauch fragen. Und erzähl ihnen, wo der Baum stehen soll, wieviel Platz ihr habt, in welche Erde der Baum kommt. Ist euer Boden feucht oder nicht? Hat der Baum viel oder wenig Sonne? Steht er auf der Wetterseite?

● Such dem Baum einen schönen Platz aus, sonnig, nicht zu klein und ohne Staunässe, d.h. einen Platz, wo das Regenwasser keine Pfützen bildet. Dein Baum soll ja ordentlich wachsen können.

● Ich kann hier gar nicht alles erzählen, was zum Baumpflanzen dazugehört, dazu reicht der Platz nicht. Aber eins kann ich dir sagen:

einen Baum zu pflanzen ist einfacher, als du vielleicht denkst. Wenn du es aber genauer wissen willst, dann geh zu einem Gärtner, in eure Bibliothek oder die Buchhandlung. Du kannst auch an die Organisation schreiben, die am Ende des Kapitels steht.

● Und erzähl auch euern Nachbarn und deinen Freunden von der Idee. Vielleicht macht ihr eine richtige Baumpflanz-Aktion an eurer Schule. Und was sagt euer Bürgermeister dazu? Und die Leute von der Stadtverwaltung? Du wirst staunen, wie viele Leute die Idee gut finden. Ganz besonders dann, wenn du ihnen erzählt hast, warum Bäume für die Natur so wichtig sind.

● Wenn kein Geld für einen jungen Baum da ist, zieh selbst einen groß, zum Beispiel aus Kastanien und Eicheln.

Sieh dich um

Es gibt eine ganze Menge Gruppen, die sich mit den Bäumen und dem Wald beschäftigen. Schreib doch mal an

Robin Wood
Nernstweg 32
2000 Hamburg 50

30. Laß es wachsen

Rate mal

Was wächst im Zimmer auf der Fensterbank am einfachsten an?
a) ein Blatt vom Kohlkopf   b) ein Zitronenkern   c) ein Pferdeapfel

Was ist viel komplizierter als ein Computer, funktioniert mit Wasser und Licht anstatt mit Batterien und macht Kakao und Vanille? Ein Hinweis: es ist grün.
Antwort: eine Pflanze (Kakao und Vanille werden aus Pflanzen gewonnen).
Wenn du mal darüber nachdenkst, dann sind Pflanzen eine tolle Sache. Jede Pflanze, egal wie groß, macht unsere Luft sauberer und die Erde grüner.
Unsere Umwelt braucht alle Hilfe, die sie kriegen kann. Und du kannst etwas dazu tun, wenn du einen Samen in die Erde legst und mit Wasser begießt. Wenn du für die kleine Pflanze sorgst und aufpaßt, wie sie wächst, dann weißt du immer, daß du der Umwelt hilfst.

Wußtest du schon

● Pflanzen, Tiere und Menschen brauchen sich gegenseitig. Pflanzen machen den Sauerstoff, den Tiere und Menschen atmen. Und Tiere und Menschen atmen das Kohlendioxid aus, das die Pflanzen zum Leben brauchen.

● Pflanzen reinigen die Luft, denn sie nehmen Stoffe aus der Luft auf, die unsere Luft verschmutzen.

● Jeden Tag schieben Bulldozer viele Pflanzen ab und machen Platz für noch mehr Straßen und Autobahnen, noch mehr Parkplätze, Häuser und Geschäfte.

● Wenn jeder bei uns in Deutschland ein paar Samen säen würde, dann hätten wir in ein paar Wochen viele Millionen Pflanzen mehr, und unsere Umwelt wäre wieder ein Stück besser dran.

Was du tun kannst

● Laß was Grünes wachsen!
Zuerst mußt du dich entscheiden, was wachsen soll. Salat, Blumen oder Kräuter sind einfach auf der Fensterbank zu ziehen.

Antwort b. Du brauchst dazu nur einen Topf, ein paar Kerne und etwas Wasser.

● Es gibt eine Menge verschiedener Salate, die du auf der Fensterbank oder dem Balkon ziehen kannst. Und wenn du's gemacht hast, wirst du staunen, wie knackig frisch die schmecken. Und darauf kannst du stolz sein.

● Küchenkräuter als Würze fürs Essen sind leicht aus Samen zu ziehen, zum Beispiel Schnittlauch und Petersilie, Oregano und Thymian, Zitronenmelisse oder Liebstöckel. Auch einige Blumen wachsen gut auf der Fensterbank, zum Beispiel Ringelblumen, Petunien oder Steinkraut.

● Die Samen kaufst du in der Samenhandlung oder im Kaufhaus. Dort kannst du gleich Blumenerde mitnehmen (oder kannst du schon Erde vom Komposthaufen nehmen?) und etwas Dünger (bitte keinen Kunstdünger). Hornmehl ist am besten.

● Such dir ein Pflanzgefäß aus für deine Pflanzen. Du kannst Blumentöpfe für die Fensterbank dort kaufen, wo du Samen und Erde und Dünger bekommst. Du kannst aber zum Einsäen auch ganz andere Töpfe nehmen, Joghurt-Becher, aufgeschnittene Milchtüten, leere Dosen für Kaffee. In den Boden des Topfes gehören kleine Löcher, damit zuviel Gießwasser wieder rauslaufen kann.

● Füll den Topf bis obenhin mit Erde. Dann wässerst du, aber nicht zuviel. Die Erde soll feucht sein wie ein ausgedrückter Schwamm, aber nicht naß. Unter den Topf gehört ein Teller für das überschüssige Wasser.

● Jetzt wird eingesät. Alle drei Zentimeter legst du zwei, drei Samen auf die Erde und drückst sie mit dem Finger ein. Hinten auf dem Samentütchen steht, wie tief die Samen in die Erde müssen. Das ist wichtig, denn wenn die Samen zu tief kommen, dann keimen sie nicht aus der Erde hoch ans Licht.

● Dann drückst du die Erde vorsichtig fest und gießt noch mal, aber wieder vorsichtig, damit nichts wegschwemmt.

● Jeden Tag kontrollierst du deine Töpfe und hältst die Erde feucht. Trockene Samen keimen nicht.

● Wenn die Samen keimen, kommen zuerst kleine grüne Stifte aus der Erde mit kleinen grünen Blättern dran. Dann stellst du die Töpfe auf die sonnige Fensterbank.

● Wenn die Sämlinge so etwa 10 Zentimeter hoch sind, pflanzt du die kräftigsten in einen eigenen Topf um, oder du schneidest mit einer Schere alle schwachen ab. Dann brauchst du nicht umzutopfen. Das ist grausam? Aber es hilft der stärksten Pflanze zu überleben. In der Natur kommt so was alle Tage vor.

● Alle zwei Wochen gibst du deinen Pflanzen etwas Hornmehl.

● Wenn du die Pflanzen gut versorgst, ihnen Wasser gibst und Dünger und Sonnenlicht, dann werden sie dir viel Freude machen.

Sieh dich um

Wenn du mehr wissen willst übers Aussäen, Pflanzen, Gemüseziehen und Blumenpflanzen, dann geh in die Bibliothek oder in die Buchhandlung. Da helfen dir die Leute bestimmt weiter. Auch einen Gärtner kannst du fragen, ob du ihm mal zugucken darfst. Dabei lernst du eine Menge.

31. Der Papier-Sparer

Rate mal

*Wenn du alles Papier zusammensammelst, das ein ganz normaler Mensch so
im Jahr verbraucht, wieviel kommt da zusammen?*
a) ein Papierkorb voll   b) eine Schiebkarre voll   c) ein ganzes Zimmer voll

Es dauert Jahre, bis ein Baum überhaupt groß genug ist, um Papier aus
ihm zu machen. Und ganze Wälder sind nötig, um all das Papier zu
machen, das wir verbrauchen – und wegwerfen.
Wenn man aus all dem alten Papier aber neues machen könnte? Dann
hätten wir mehr Bäume übrig und eine grünere Erde. Und weniger Müll.
Und genau das geht. Wir können Papier wiederverwenden, wir können
es recyceln.
Das klappt? Und wie.

Wußtest du schon

● Wir verbrauchen in Deutschland sehr viel Papier, jeder von uns
im Durchschnitt 210 Kilo.

● Wieviel das ist? Was 7 Leute an
Papier im Jahr verbrauchen, wiegt
soviel wie ein großes Auto.
● Und dafür verbrauchen wir viele Millionen von Bäumen!
● Wie Altpapier recycelt wird? Es
wird zerrissen und zermahlen und
in einer Bütte zusammen mit Wasser zu einer dicken Pampe ver-
rührt, die heißt Ganzzeug. Eigent-

Antwort c. Auch wenn du's nicht glaubst,
soviel wie ein ganzes Zimmer voll.

lich ist das ganz einfach. Du kannst es sogar selber machen. (Wie, das steht im Öko-Experiment 6 am Ende des Buches.)

Was du tun kannst

● Recyceln kann man jedes Papier, Müslipackungen, Pappkartons, Notizzettel, Einkaufstüten, Zeitungen und so weiter.

● Wenn du Altpapier sammeln willst, dann brauchst du erst mal einen Platz für einen Karton, in den das ganze Papier und die Zeitungen hineinkommen.

● Und wenn du jetzt wieder eine Müslitüte leergegessen hast, wenn ein Notizzettel weg kann oder eine Zeitung, dann kommt die ab heute in den Papier-Sammelkarton und nicht mehr in den Müll.

● Aber Hochglanzpapier und Papier mit einem Kunststoffüberzug gehören nicht in die Sammelkiste.

Denn das kann nicht recycelt werden.

● Wenn der Karton voll ist, dann bring ihn zum nächsten Altpapier-Container. Die stehen ja heute schon überall.

● Und noch ein Tip: Benutz nicht immer nur die eine Seite vom Papier, die Rückseite ist als Schmierpapier lange gut. Wieder ein Stück Umweltschutz.

32. Erhalt den Regenwald

Rate mal

Wieviel Regenwald wird jede Minute zerstört?
a) soviel wie ein Parkplatz   b) soviel wie ein Kinosaal   c) soviel wie 50 Fußballfelder

Hört »Regenwald« sich nicht ganz exotisch an und nach »weit weg«? Was hat denn das mit dir zu tun? Und warum redet heute jeder immerzu vom Regenwald? Was ist denn daran bloß so wichtig?
Die tropischen Regenwälder sind riesige, feuchte Wälder, wo schöne Tiere, bunte Papageien, Affen und Jaguare leben.
Im Regenwald stehen so viele Bäume, daß sie das Wetter auf der ganzen Erde beeinflussen. Und die Luft, die wir atmen. In den letzten Jahren haben die Menschen angefangen, den Regenwald abzuholzen; die Hälfte ist schon weg. Das muß aufhören, und dabei kannst du helfen.

Wußtest du schon

● Man schätzt, daß jede Minute 400000 Quadratmeter Regenwald einfach abgeholzt oder verbrannt werden. Wer weiß, in zehn Jahren gibt's den Regenwald vielleicht nur noch im Museum.
● Obwohl die Regenwälder nur einen kleinen Teil der Erde bedek-ken, leben dort mehr als die Hälfte aller Tiere und Pflanzen. Und ohne die Regenwälder verlieren die mei-sten ihre Heimat.
● Und warum werden die Regen-wälder abgeholzt? Das hat ver-schiedene Gründe:

Bauern sägen die Bäume ab, um Platz zu schaffen für ihre Felder. Aber der Regenwaldboden ist schlecht für den Ackerbau. Nach

Antwort c. Unglaublich, aber wahr.

ein paar Jahren ist er ausgelaugt, und die Bauern müssen neuen Regenwald umsägen für neue Felder. So ist nach und nach viel Regenwald verschwunden, aber Ackerland ist daraus kaum entstanden.

● Viehzüchter sägen den Regenwald ab, damit sie Weideland bekommen für ihre Rinder. Und das Rindfleisch verkaufen sie billig in die reichen Länder. In Schnell-Restaurants liegen die Rinder aus dem Regenwald dann als Hamburger auf dem Kunststoffteller.

● Besonders in Asien werden die Regenwälder abgeholzt, um Bretter daraus zu sägen. Und die Bretter werden auch in die reichen Länder verkauft, für Schrankwände aus Mahagoni und billige Frühstücksbretter aus Teakholz.

Was du tun kannst

● Iß in Schnell-Restaurants keine Hamburger, die aus Regenwald-Rindern gebraten sind. Du kannst die Leute, die im Restaurant arbeiten, ruhig fragen, woraus die Hamburger sind, und du kannst ihnen sagen, warum du fragst.

● Du kannst deine Eltern bitten, nichts zu kaufen, was aus dem Holz tropischer Regenwälder gemacht ist. Das ist zum Beispiel Mahagoni, Teak, Palisander, Ebenholz oder Rosenholz.

● Was es von den vielen Pflanzen und Tieren und von den Menschen im Regenwald alles zu lernen gibt, das ist aufregend.

● Du kannst Bücher darüber lesen.

● Du kannst mit deinen Freunden eine »Regenwald-Schutz-Woche« machen an eurer Schule. In Deutschland, Schweden und England haben Schüler sogar Geld gesammelt und ein Stück Regenwald gekauft; der ist gerettet.

● Und du kannst mit anderen über den Regenwald sprechen; von den einen kannst du noch was lernen, aber den anderen kannst du sicher schon was erzählen.

● Du kannst auch an Politiker schreiben, damit sie den Regenwald schützen. Ein Brief allein hilft nicht viel, aber viele Briefe . . .

Sieh dich um

Diese Umweltorganisationen (und viele andere) helfen dir weiter:
BUND
Greenpeace
WWF

33. Du grünst nicht nur zur Winterszeit

Rate mal

Wie viele Weihnachtsbäume werden jedes Jahr bei uns umgehackt?
a) ein Parkplatz voll   b) ein Fußballfeld voll   c) soviel wie ein ganzer Wald

Weihnachten ohne Weihnachtsbaum ist gar kein richtiges Weihnachten. Wo sollten wir denn die Kugeln hinhängen und wo die Lichter aufstekken? Und die Geschenke, wohin sollen wir die stellen? Und nach Harz riechen würde es auch nicht in der Stube.
Aber kaum ist Weihnachten vorüber, wandert der Weihnachtsbaum auf den Müll.
Schade drum.
Aber einen Weg gibt es, sich keinen sterbenden Baum ins Zimmer zu stellen. Wir nehmen lebende Weihnachtsbäume.

Wußtest du schon

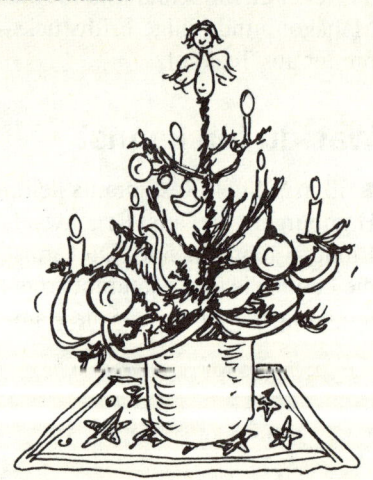

● Jedes Jahr werden 17 Millionen Christbäume abgehackt. Wenn alle Leute lebende Bäume kaufen würden, dann gäbe es 17 Millionen lebende Bäume mehr bei uns.
● Und eigentlich, wenn du richtig darüber nachdenkst, hat ein lebender Weihnachtsbaum zwei gute Seiten. Einmal wird einer weniger abgehackt, und dann wird einer mehr angepflanzt.
● Du kannst einen Weihnachtsbaum im Topf kaufen und im neuen Jahr auspflanzen. Aber du kannst den Baum auch im Topf lassen und nächstes Jahr noch mal nehmen.
● Wenn ihr bei euch keinen Platz

Antwort c. Wir holen uns jedes Jahr einen Wald ins Wohnzimmer.

96

zum Ausplanzen habt, dann frag doch mal beim Gartenbauamt in der Stadtverwaltung nach. Oder du pflanzt ihn bei Freunden ein. Schulhof geht auch, wenn der Direktor einverstanden ist.

Was du tun kannst

● In der Gärtnerei oder beim Weihnachtsbaum-Verkauf suchst du dir einen lebenden Baum aus. Den läßt du bis Heiligabend draußen auf dem Balkon oder im Garten.
● Und wenn du ihn ins Zimmer bringst, dann stell ihn hell, aber nicht an die Heizung. Denn wenn es dem Baum zu warm wird, wirft er die Nadeln ab und geht ein.
● Halt die Erde im Topf immer feucht. Im warmen Zimmer braucht der Baum fast jeden Tag frisches Wasser. Aber stell was unter den Topf, damit kein Wasser auf den Teppich läuft.
● Eine Woche nach Weihnachten, also gleich im neuen Jahr, nimmst

du die Christbaumkugeln und Kerzenhalter ab, und der Baum kommt ins Kühle, damit er sich langsam an den Frost draußen gewöhnen kann, bevor er ins Freie kommt. Gut dafür ist eine Garage.
● Ein paar Tage später kannst du deinen Baum pflanzen. Wenn es bei euch im Winter sehr kalt ist, mußt du damit bis zum Frühjahr warten. Stell den Baum draußen an einen hellen Platz und gieß ihn regelmäßig.

Sieh dich um

● Geh vor Weihnachten mal zu einem Weihnachtsbaum-Verkauf und zähl die abgehackten Bäume. Und dann stell dir vor, wie viele solcher Weihnachtsmärkte es gibt, bei uns und anderswo. Ist es da nicht besser, lebende Weihnachtsbäume zu kaufen? Und das Kunststoffnetz, in das die Bäume eingepackt werden, ist auch nur zum Wegwerfen gut.

34. Sorg für ein Stück Natur

Rate mal

Wie kannst du eine kleine Wiese am besten schützen?
a) mit einer dicken Schutzschicht aus Beton   b) jeden Tag den Dreck auflesen   c) ein Loch machen und dort Müll vergraben

Bestimmt gibt es bei euch im Garten oder in der Nachbarschaft eine kleine Ecke, die ein bißchen Fürsorge nötig hätte.
Vielleicht brauchen die Pflanzen im Sommer etwas Wasser, oder es liegt immer Müll herum.
Niemand kümmert sich um das kleine Stück Natur. Möchtest du nicht dafür sorgen?

Wußtest du schon

● Ob allein oder zusammen mit anderen, das klappt sehr gut.

● An vielen Schulen in Deutschland haben sich die Kinder schon überlegt, daß ein Schulhof aus schwarzem Asphalt, aus Schotter und Betonplatten, mit langweiligen Mauern oder einem Zaun drumherum keinen großen Spaß macht.

● Und sie haben Pläne gemacht für einen neuen Schulhof. Manchmal haben Lehrer oder Eltern geholfen, manchmal nicht.

● Und diese Pläne haben die Kinder an eine Naturschutzorganisation geschickt (wie die heißt, steht am Ende des Kapitels). Und wenn die Pläne gut waren, dann haben die Schüler Geld und Hilfe bekommen für ein Stück lebendigen Schulhof.

● Sie haben Spaten und Schaufeln von Zuhause mitgebracht, ha-

Antwort b. Sauberhalten natürlich, damit fängt's an.

ben Bäume und Sträucher gekauft und einen Schulgarten angelegt mit Efeu an den Wänden und Wildblumen auf dem Rasen.

● Manche haben sogar eine große Folie gekauft, ein Riesenloch in den Boden gegraben und einen Teich angelegt für Frösche und Libellen und Sumpfdotterblumen. Das Wasser für den Teich hat die Feuerwehr im Spritzenwagen gebracht.

● Frag mal deine Lehrer, die haben bestimmt schon von so einem Schulgarten gehört.

Was du tun kannst

● Geh durch euren Garten, in die Nachbarschaft oder zur Schule und such dir ein Stück Natur aus. Vielleicht liegt dort Abfall herum oder es wachsen nicht einmal Pflanzen. Und dann geht's los.

● Zuerst sammelst du den Müll auf.

● Dann säst du Samen aus oder setzt Pflanzen in den Boden, damit die Erde geschützt ist.

● Pflanz auch Büsche und Bäume, damit Insekten und Vögel ihr Futter haben und eine Heimat.

● Am Wegrand findest du viele Pflanzen, die sehr schön aussehen. Ein paar davon kannst du vorsichtig ausgraben und auf »dein« Land setzen. Das kostet nichts, und die Insekten und Vögel sind an diese Pflanzen gewöhnt.

Sieh dich um

● Kannst du wirklich mithelfen, damit sich etwas ändert? Mach mal ein Foto oder eine Zeichnung von »deinem« Land; eins bevor du anfängst, dafür zu sorgen; und dann alle paar Monate wieder eins. Da wirst du staunen, wie wichtig du bist für »dein« Stück Land.

● Wenn du mehr wissen willst über den lebendigen Schulhof, dann schreib an:

Umweltstiftung WWF –
Deutschland
»Jugend schützt Natur«
Hedderichstr. 110
6000 Frankfurt am Main 70

Energie verwenden – nicht verschwenden

Energie-Gedanken

Als ich noch ein Kind war, hat meine Mutter mir immer wieder unser Kraftwerk gezeigt, das war ein großer Ziegelbau mit drei riesigen Schornsteinen und vielen eisernen Rohren und allen möglichen Anlagen drumherum. Drinnen haben die Arbeiter Kohle in die Glut geworfen, und wenn die Kohle brannte, dann gab sie Wärme ab, und daraus machten die Leute elektrischen Strom. Aber zur selben Zeit stiegen aus der Glut dicke Rauchwolken in die Luft. Wenn wir ganz nah heran waren, zeigte meine Mutter hinauf in den schwarzen Qualm und sagte: »So eine elendige Dreckschleuder! Das Ding müßte dichtgemacht werden, damit es keinen Dreck mehr in die Luft bläst.« Aber wieder zu Hause angekommen waren wir ganz froh, daß wir Strom hatten.

Heute wissen wir mehr. Wir wissen, daß wir weniger Kraftwerke brauchen, wenn wir Energie sparen. Und wir wissen, daß die Abgase der Kraftwerke die Umwelt schädigen. Denn wenn der Regen diese Abgase aus der Luft wäscht, dann wird er sauer, wird saurer Regen. Und dieser saure Regen schadet den Flüssen und Seen, den Fischen und Bäumen und vielen anderen Lebewesen, die überhaupt keine Elektrizität brauchen! Oder hast du schon mal einen Fisch vor dem Fernseher gesehen?

Und wir haben auch gelernt, daß diese Luftverschmutzung unser Wetter ändert, das Wetter auf der ganzen Erde. Eines Tages ist es für die Tiere vielleicht zu heiß oder kalt zum Überleben. Immerhin, ein paar Leute wenigstens sparen schon Energie soviel sie können, damit unser Himmel, unsere Flüsse und unser Land wieder sauber werden. Und du kannst das auch. Lies mal weiter.

35. Volle Ladung

Rate mal

Was braucht keine Batterien?
a) eine Taschenlampe   b) ein Solar-Taschenrechner   c) eine Quarzarmbanduhr

Vielleicht spielst du ja öfter mit batteriegetriebenem Spielzeug oder hörst Musik mit dem Walkman. Es dauert gar nicht lange, dann sind die Batterien leer und du mußt neue kaufen, stimmt's?
Und was machst du dann mit den alten Batterien? Du schmeißt sie weg. Aber das ist schlecht für die Umwelt. Viele Batterien enthalten Quecksilber, das ist ein giftiges Metall, oder auch andere Giftstoffe. Und die sickern in den Boden ein, wenn Batterien erst in der Müllkippe liegen und langsam undicht werden. Darum gehören Batterien auf den Sondermüll.
Aber es gibt auch andere Batterien, die heißen Akkus. Und die kannst du wieder aufladen, bis zu 1000mal. Du brauchst sie nicht dauernd wegzuwerfen oder neue zu kaufen.

Wußtest du schon

● Jeder von uns, Babys und alle anderen mitgezählt, verbrauchen mehr als 6 Batterien in jedem Jahr. Jeder!
● Die meisten sind zum Wegwerfen gemacht. Aber Akkus nicht.
● Wie das geht? Wenn die Akkus leer sind, steckst du sie in ein Ladegerät. Das Ladegerät schickt jetzt Strom aus der Steckdose in die Akkus, und die speichern diesen Strom. Über Nacht sind die Akkus wieder voll.
● Ein Akku von nur 35 Gramm ersetzt 300 Batterien, und um die alle herzustellen, werden 23 Kilogramm Rohstoffe gebraucht.

Antwort b. Der Solarrechner kriegt seinen Strom von der Sonne.

● Perfekt sind auch die Akkus nicht, sie enthalten ein giftiges Metall, das Cadmium heißt. Aber es ist doch besser, nur einen Cadmium-Akku wegzuwerfen als 300 Batterien.

Was du tun kannst

● Denk daran, alle Energie aus Batterien kommt eigentlich aus der Natur. Also verschwende sie nicht. Stell den Walkman ab, wenn du nicht zuhörst, schalt die Taschenlampe aus, wenn du sie weglegst. Na, und so weiter.

● Laß deinen Rekorder nicht auf Batterien laufen, wenn eine Steckdose in der Nähe ist.

● Benutz Sachen, die nicht mit Batterien arbeiten, wenn das geht, zum Beispiel Solar-Taschenrechner, die funktionieren mit Licht. Es gibt sogar schon Ladegeräte für Akkus, die laden auch mit Licht.

● Rede mal mit deinen Eltern, ob ihr nicht lieber ein Ladegerät und Akkus kaufen sollt. Erst ist es teurer, aber wer oft Batterien braucht, der hat das Geld schnell wieder heraus. Und dann spart es.

Sieh dich um

● Mach mal eine Inspektion durch eure Wohnung. Und zähl alles zusammen, was mit Batterien läuft. Und zähl mal, wie viele Batterien in den Geräten stecken. Und dann stell dir vor, das ist in jeder Familie so, hier bei uns und in vielen Ländern der Erde. Wär bestimmt besser, wenn das nicht alles Batterien, sondern Akkus wären, oder?

36. Licht aus!

Rate mal

Wann hat die allererste Glühbirne gebrannt?
a) Weißichnich   b) letztes Jahr   c) vor über 100 Jahren

Abends, wenn es dunkel wird, dann drückst du nur auf den Schalter – zack, ist alles wieder hell.
Ist doch nichts dabei, oder?
Denk mal nach. Der Strom für das elektrische Licht kommt aus der Natur. Also ist Stromsparen auch Umweltschutz.

Wußtest du schon

● Wieviel von dem Strom, den eine Glühbirne verbraucht, macht sie auch zu Licht? Gerade 10 Prozent. Da staunst du, was? Der Rest wird zu Wärme. Deshalb ist eine Glühbirne auch glühend heiß, wenn sie ein paar Minuten an war. Im Winter geht das ja noch, aber wer will schon im Sommer die Stube heizen?

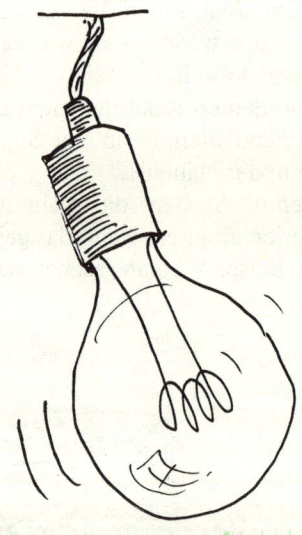

● Wenn eine 100-Watt-Birne die ganze Nacht brennt, dann verbraucht sie in einem Jahr soviel Strom, wie 4 Zentner Kohle erzeugen. Wenn 4 Zentner Kohle verbrennen, erzeugen sie 10 Pfund Abgas, das den Treibhauseffekt verstärkt und 10 Pfund Gas, das sauren Regen macht. Und alles für eine einzige Glühbirne!

Antwort c. Thomas Edison hat sie 1879 erfunden.

● Jetzt gibt es aber Glühbirnen, die heißen »Energiespar-Lampen«, die brauchen nur noch ein Viertel soviel Strom wie eine normale Glühlampe. Und obendrein halten sie zehnmal so lange. Möchtest du so eine Energiespar-Birne für dein Zimmer haben?

Was du tun kannst

● Dreh immer das Licht aus, wenn du es nicht brauchst. Wenn du aus dem Zimmer gehst, dann drück den Schalter, wenn sonst keiner drin ist.

● Nutz das Tageslicht aus. Es kostet nichts und ist sauber. Wenn du am Tag was liest, dann setz dich ans Fenster.

● Staub mal die Glühbirnen ab. Der Staub auf den Birnen schluckt viel Licht.

● Zeig deinen Eltern im Laden die Energiespar-Lampen.

Sieh dich um

● Wie viele Glühbirnen braucht eine Familie? Zähl mal bei euch zu Hause alle Glühbirnen zusammen. Hast du's? Und auf der Erde gibt es mindestens 100 Millionen Familien, die genauso viele Glühbirnen haben.

37. Mach mit bei den Wärme-Sparern

Rate mal

Was nimmst du, wenn du es warm haben willst?
a) ein Streichholz   b) einen Pullover   c) ein heißes Bad

Brrr! So eine Hundekälte! Wenn dir kalt ist, gehst du zur Heizung und drehst sie auf.
Aber jetzt hast du sie zu weit aufgedreht! Jetzt hast du das Wärme-Monster freigelassen!
Da, da kommt es aus den Heizungsventilen, frißt sich dick und fett an all der Wärme in eurer Wohnung, macht die Luft immer wärmer und wärmer.
Aber damit ist jetzt Schluß!
Dreh einfach die Heizung runter, dann verschwindet das Wärme-Monster.
Herzlichen Glückwunsch. Jetzt bist du ein Wärme-Sparer.

Wußtest du schon

● Mehr als die Hälfte aller Energie im Haus verbraucht die Heizung.
● Wenn alle ihre Heizung im Winter nur um 1 °Celsius runterdrehen würden, dann könnten wir in Deutschland jedes Jahr 6 Millionen Tonnen Heizöl sparen. Das ist soviel wie 12 Supertanker voller Öl.
● Wenn wir weniger Öl verheizen, brauchen wir auch weniger Riesentanker, dann gibt es weniger Ölpest durch Tankerunglücke.
● Und wenn wir weniger Öl ver-

Antwort b. Ein Pullover hält dich auch im Zimmer warm, da brauchst du nicht die Heizung aufzudrehen.

brauchen, bekämpfen wir den Treibhauseffekt der Erde.

● Das alles können wir tun, wir brauchen nur die Heizung runterzudrehen.

Was du tun kannst

● Im Winter heizt du gerade soviel wie nötig. Probier mal aus, wie weit du den Thermostat am Heizkörper herunterdrehen kannst, ohne daß es dir zu kalt wird. Fang mit 5 °Celsius weniger an und zieh einen Pullover über. Wenn dir nach einer Stunde immer noch zu warm ist, dreh den Thermostaten noch ein paar Grad herunter. Aber wenn dir zu kalt ist und auch dein wärmster Pullover nicht hilft, dann dreh den Thermostaten erst mal ein oder zwei Grad höher. Das ist immer noch niedriger als am Anfang.

● Du mußt im Winter nicht unbedingt barfuß oder im T-Shirt in der Wohnung rumlaufen (und die Heizung hochdrehen), du kannst genausogut einen Pullover anziehen und damit die Umwelt schützen.

Sieh dich um

● Übrigens, Küche, Flur und Bad müssen nicht so warm sein wie die Wohnzimmer. Auch im Schlafzimmer reichen etwa 17 °Celsius. Natürlich muß auch gelüftet werden – kurzzeitiges Lüften ist sparsamer als ständig offene Fenster.

38. Vorsicht heiß!!!

Rate mal

Woher kommt in vielen Häusern das warme Wasser?
a) aus dem Wasserhahn   b) aus dem Wasserwerk   c) aus der Heizung

Wenn die Leute vor 100 Jahren eine von unseren Einhand-Thermostat-Mischbatterien hätten sehen können, würden sie bestimmt gesagt haben: »Heißes Wasser direkt aus dem Hahn, das ist gigantisch!«
Damals kostete es viel Zeit und Mühe, heißes Wasser zu machen.
Damals mußten die Leute Bäume schlagen und Holz hacken, ein Feuer anzünden, es mit Holz versorgen und einen Kessel drüberhängen, bis sie endlich heißes Wasser hatten.
Ganz schöner Unterschied zu heute!
Heute ist heißes Wasser im Handumdrehen da, so einfach, daß wir es weggluckern lassen, ohne nachzudenken. Und das ist nicht richtig, denn auch heute kostet heißes Wasser eine Menge Energie, sie wird nur anders erzeugt.

Wußtest du schon

● Das Wasser kommt aus dem Wasserwerk genauso kalt in euer Haus, wie es aus den Seen und Flüssen und aus dem Grundwasser kommt, daher stammt ja das Leitungswasser.
● Durch die Wasserleitung kommt das Wasser zu euch ins Haus, und unten teilt sich die Wasserleitung. Das »kalte« Rohr geht direkt zu allen »kalten« Wasserhähnen im Haus, das andere Rohr geht in den Heizkeller. Dort steht ein Wasser-tank, und da wird das kalte Wasser aus der Leitung erwärmt.
● In dem Wassertank ist ein Thermostat, der »sagt« der Heizung, ob das Wasser noch zu kalt ist oder schon warm genug.

Antwort c. Aus der Heizung.

● Und jetzt sitzt das warme Wasser im Tank und wartet darauf, daß jemand es braucht. Und wenn du den Warmwasserhahn aufdrehst, dann kommt es raus, solange der Hahn offen ist.

● Aber unten im Keller fließt jetzt kaltes Wasser in den Wassertank nach, das Wasser im Tank wird kälter. Das merkt der Thermostat natürlich gleich und meldet:»Heizen!« Und die Heizung springt an.

● Das Wasser im Tank kühlt auch von allein langsam ab. Und auch das merkt der Thermostat sofort und meldet wieder:»Heizen!«Und die Heizung springt wieder an.

● Und das passiert alle paar Stunden. Die Heizung springt an und heizt, ob du gerade schläfst oder in der Schule bist oder spielst. Die Heizung springt an und heizt.

● Klar, heißes Wasser ist teuer.

Was du tun kannst

● Heißes Wasser zu sparen ist also noch viel wichtiger als kaltes.

● Heißes Wasser sparen heißt gleich zweimal die Schätze der Natur zu schonen, nämlich Wasser und Energie.

● Wenn du badest oder duschst, wenn du Geschirr spülst, jedesmal wenn du heißes Wasser brauchst, dann kannst du die Natur schützen. Du darfst das Wasser nicht verschwenden.

39. Um die Ecke mit dem Rad

Rate mal

Was macht mehr Dreck?
a) Lagerfeuer   b) Autos   c) Ozeandampfer

Du möchtest schnell wohin? Runter zum Supermarkt ... rüber zu deinem Freund ... ins Kino? Am schnellsten geht's im Auto. Du fragst deine Eltern, ob sie dich kurz rumfahren.
Ist aber nicht gut für die Umwelt.
Autos machen Abgase. Je weniger wir damit fahren, desto gesünder für unsere Erde.
Klar, manchmal dauert's mit dem Fahrrad etwas länger, bis man da ist.
Aber sind saubere Luft und sauberes Wasser das nicht wert?

Wußtest du schon

● Es gibt bei uns über 35 Millionen Autos (wir alle haben auf den Vordersitzen unserer Autos Platz), mit denen werden jedes Jahr eine halbe Billion Kilometer gefahren. Bis 500000000000 kannst du im Leben nicht zählen, du wirst einfach nicht mehr fertig.
● Auf der ganzen Erde fahren 420 Millionen Autos. Da sind die Lastwagen noch nicht mitgezählt, die verbrauchen schließlich auch Treibstoff.
● Und wenn diese Autos alle zusammen die Motoren anlassen, dann blasen sie Abgase aus dem Auspuff. Und diese Autoabgase sind so ziemlich das Schlimmste für die Umwelt.
● Autoabgase enthalten viele un-

Antwort b. Autos sind mit die größten Umweltverschmutzer.

sichtbare Gase, die sind mitverantwortlich für den Treibhauseffekt, den sauren Regen und die dicke Luft in unseren Städten, den Smog.
● Fahrräder machen keine Abgase, verdrecken nicht die Luft und halten fit. Wer also Fahrrad fährt statt Auto, der schützt die Umwelt.
● In anderen Ländern fahren viel mehr Leute mit dem Fahrrad als bei uns. Und in Japan gibt's sogar Parkhäuser für Fahrräder.

Was du tun kannst

● Wenn du nächstes Mal wohin möchtest, dann überleg dir zweimal, ob du jemanden bittest, daß er dich mit dem Auto fährt. Geht's nicht zu Fuß oder mit dem Rad?
● Und überrede deine Eltern, auch mal wieder mit dem Rad zu fahren. Ihr könnt doch auch zusammen radeln. Radfahren ist ansteckend!

Sieh dich um

● Jetzt kommt ein tolles Experiment. Dazu brauchst du einen Erwachsenen.
Erster Schritt: Besorg dir einen alten weißen Socken. Den Socken ziehst du über den Auspuff von eurem Auto. Der Auspuff muß kalt sein. Wenn der Motor gerade gelaufen ist, muß er erst abkühlen.
Zweiter Schritt: Jetzt soll ein Erwachsener den Motor anlassen und genau eine Minute im Leerlauf laufen lassen. Motor abstellen.
Dritter Schritt: Dann bittest du den Erwachsenen, er soll den Socken vom Auspuff nehmen und dir geben.
Vierter Schritt: Untersuch den Socken. Er ist voller Schadstoffe, die wir ohne Socken gar nicht sehen.
Fünfter Schritt: Und jetzt stell dir die vielen Millionen Autos vor, die jede Stunde auf der Erde herumfahren. Bist du da nicht froh, daß du Fahrrad fährst?

40. Halt! Hiergeblieben!

Rate mal

Wo verschwindet die meiste Wärme aus eurem Haus?
a) durchs Telefon   b) durch die Hintertür   c) durchs Fenster

Jetzt, gerade jetzt ist bei euch im Haus die große Flucht im Gange. Luft verschwindet durch Fenster und Türen, schöne warme Luft. Und das mitten im Winter! Es ist schon teuer genug, damit es drinnen schön warm ist. Da brauchen wir nicht noch den Garten zu heizen.

Wußtest du schon

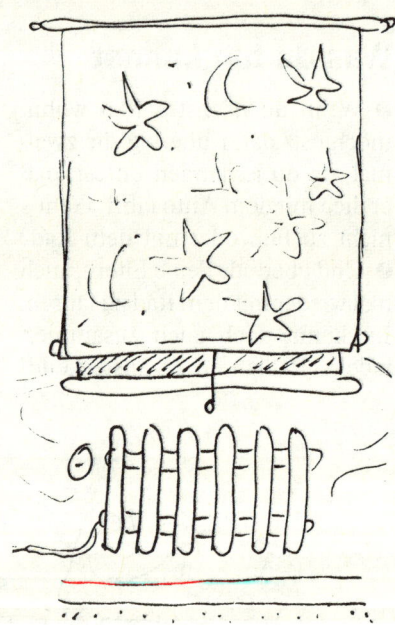

● Mehr als die Hälfte aller Energie, die wir im Haus verbrauchen, ist für die Heizung. Und davon wieder die Hälfte geht zum Fenster hinaus.

● Mit der Wärme, mit der wir ein Haus heizen, könnten wir eigentlich zwei Häuser heizen. Wirklich wahr.

● Und wie verschwindet die Wärme? Durch die Fenster und Türen, durch den Kamin, durchs Dach und durch die Wände. Sie geht sogar direkt durch die Fensterscheiben.

● Jedes bißchen gerettete Wärme verlangsamt den Treibhauseffekt und bekämpft den sauren Regen, und es spart Öl und Gas und Kohle, die Schätze der Erde.

Antwort b + c. Die Ritzen an Fenstern und Türen sind Energie-Verschwender.

Was du tun kannst

● Schließ die Läden, wenn's draußen kalt ist und zieh die Vorhänge zu. Das schafft eine »Mauer« gegen die Kälte.

● Sieh nach, ob in kalten Nächten alle Fenster geschlossen sind. Und kaputte Scheiben müssen natürlich repariert werden.

● Wenn die Eltern Dichtungsleisten anbringen wollen, dann frag, ob du helfen kannst.

● Geh mit ihnen ins Geschäft und sieh dir all die verschiedenen Dichtungsmittel an. Gemeinsam mit deinen Eltern kannst du die Wärmelecks abdichten.

Sieh dich um

● Geh auf Wärme-Leck-Suche: Am nächsten kalten, windigen Tag nimmst du einen Streifen ganz dünnes Papier. Du kannst auch aus einer alten Kassette das Tonband ein Stück herausziehen.

● Und damit probierst du aus, wo der Wind bei euch in der Wohnung überall durch die Ritzen pfeift. Du hältst das Papier oder Band überall an die Fenster- und Türrahmen. Wenn sich Papier oder Tonband im Wind bewegen, dann hast du ein Leck entdeckt.

● Mach eine Liste von allen Lecks und gib sie deinen Eltern. Überlegt, wie ihr die Lecks »flicken« könnt. Das ist gut für die Haushaltskasse und für die Umwelt.

41. Eiskalt!

Rate mal

Was verbraucht den meisten Strom?
a) das Radio   b) der Kühlschrank   c) der Toaster

Weißt du, was ein Eiskasten ist? Früher, bevor es Kühlschränke gab und elektrischen Strom, da hatte jeder einen Eiskasten in der Speisekammer, darin lag ein dicker Eisblock. Damit wurde damals das Essen und Trinken gekühlt.
Aber das Eis ist doch geschmolzen, oder? Klar, deshalb kam jede Woche der Eismann und verkaufte neues Eis.
So einfach wie heute war das nicht. Aber es verbrauchte auch nicht die Schätze der Erde, wie Kühlschränke das tun.
Meinst du, du könntest deine Eltern dazu überreden, den Kühlschrank rauszuschmeißen und wieder einen Eiskasten aufzustellen?
Bestimmt nicht. Aber es gibt einiges, was du mit eurem Kühlschrank machen kannst.

Wußtest du schon

● Ein Kühlschrank wird im Durchschnitt 22mal am Tag aufgemacht. Das sind im Jahr 8000mal bei jedem Kühlschrank.
● Wenn du die Tür aufmachst, dann spürst du, wie die kalte Luft herauskommt. Und warme Luft strömt in den Kühlschrank hinein.
● Also wird's drinnen wärmer. Der Thermostat im Kühlschrank meldet: »Zu warm«, und der Kühlschrank springt an und verbraucht Strom.
● Drinnen im Kühlschrank ist ein Regelknopf, an dem kann man die Temperatur im Kühlschrank einstellen. Viele Leute wissen das gar

---

Antwort b. Der Kühlschrank ist den ganzen Tag an und das ganze Jahr, den stellen wir nie ab.

nicht, deshalb sind viele Kühlschränke kälter als nötig.

● Die Kühlschlangen hinten am Kühlschrank sind ganz wichtig. Über diese Röhren gibt der Kühlschrank die Wärme an die Luft ab, die er aus dem Innenraum herauszieht. Wenn die Kühlschlangen staubig sind, dann funktionieren sie nicht gut.

Was du tun kannst

● Mach den Kühlschrank nicht öfter und länger auf als nötig. Überleg dir, was du haben möchtest, bevor du die Tür aufmachst. Dann nimm die Sachen heraus und mach die Tür gleich wieder zu.

● Wenn du darfst, kannst du von Zeit zu Zeit die Kühlschlangen absaugen oder abstauben.

● Mit einem Thermometer kannst du genau messen, wie kalt es in eurem Kühlschrank ist. Und du kannst ihn hochregeln, wenn die Temperatur niedriger ist als 8 °Celsius.

● Stell keine warmen Sachen in den Kühlschrank, laß sie erst abkühlen.

Sieh dich um

● Mach mal eine Liste, auf der du anstreichst, wie oft du am Tag den Kühlschrank aufmachst. Öfter als nötig? Und länger?

42. Was kocht denn da?

Rate mal

Womit kriegst du einen Topf voll Wasser am schnellsten zum Kochen?
a) mit geschlossenem Deckel   b) mit Anschreien   c) mit einer Schachtel Streichhölzer

Herde verbrauchen eine Menge Energie. Und wo du jetzt alt genug bist, um ihn anzustellen, bist du auch alt genug, um ihn sparsam zu benutzen. Oder darfst du noch nicht an den Herd? Na, dann hast du ja Zeit genug, deinen Leuten zu erzählen, wie man beim Kochen Energie spart.

Wußtest du schon

● Jedesmal wenn du die Back-ofentür aufmachst, um nachzu-gucken, was da so gut riecht, geht die Hälfte der warmen Luft aus dem Backofen in die Küche. Ganz schön viel.

● Weil's jetzt im Backofen kälter wird, muß der Herd nachheizen. Und das kostet Energie und Geld. Glatte Verschwendung.

● Viele Leute haben jetzt schon Mikrowelle. Ihr auch? Richtig be-nutzt sind Mikrowellenöfen spar-samer als andere Herde. Genauso wie Infrarotgrills.

● Ein zugedeckter Topf kocht schneller als ein offener, weil oben die Hitze nicht raus kann. Also spart der Deckel auf dem Kochtopf Energie.

Antwort a. Mit Deckel kocht das Wasser schneller.

Was du tun kannst

● Setz den Deckel auf den Topf, wenn du Wasser kochen willst.

● Der Kochtopf sollte beim Elektroherd nicht kleiner sein als die Heizplatte, sonst geht die Hitze ja an der Seite vorbei.

● Laß die Backofentür beim Bakken zu.

● Stell den Elektroherd beim Kochen rechtzeitig aus und nutze die Restwärme.

Sieh dich um

● Füll zwei gleiche Töpfe mit der gleichen Menge Wasser (Meßbecher benutzen oder eine Tasse). Auf einen Topf deckst du den Deckel, auf den anderen nicht. Setz sie auf gleichgroße Herdplatten und schalte beide gleichzeitig an. In welchem Topf kocht es zuerst? Und warum? Wo wird mehr Energie verbraucht?

Weitersagen

Worte und Gedanken

Die Öko-Kinder kommen an die Macht. Das sind deine Klassenkameraden. Das sind deine Freunde. Das bist du. Was kann die Macht der Öko-Kinder tun? Eine ganze Menge! Ihr müßt bloß wissen wie. Wenn ihr dem Bundeskanzler einen Brief schreibt: »Verbieten Sie Sachen aus Elfenbein. Ich möchte, daß noch Elefanten leben, wenn ich groß bin!«, dann zeig den Brief deinen Freunden, bevor du ihn abschickst. Bestimmt wollen die auch dem Bundeskanzler schreiben.

Oder wenn du keine Lebensmittel kaufen möchtest, die in Hartschaum verpackt sind, dann sag das auch anderen Kindern. Die machen bestimmt mit.

Wenn du mehr über das Ozonloch wissen willst oder über sauren Regen, frag deine Lehrer. Andere Kinder wollen auch Antworten haben auf diese Fragen.

Du mußt dir einfach klarmachen, daß ihr viele seid, und deshalb seid ihr stark. Es gibt Millionen von Kindern, und wenn ihr alle mitmacht, dann zählt das. Zusammen könnt ihr etwas bewirken. Und wenn dir ein paar Ideen aus diesem Buch gefallen, dann gefallen sie anderen Kindern bestimmt auch.

Je mehr Kinder das wissen, desto mehr können sie erreichen.

43. Eltern-Schule

Rate mal

Kümmern Eltern sich um die Umwelt?
a) klar   b) nur dienstags   c) schon zu alt dafür

Psssssst! Soll ich dir ein Geheimnis verraten?
Deine Eltern kümmern sich um alles, was du denkst, auch wenn sie manchmal so tun, als wär's ihnen egal.
Und genau das ist die Möglichkeit, ihnen vom Umweltschutz ein paar Sachen zu erzählen, die sie bestimmt noch nicht wissen.

Wußtest du schon

● Als deine Eltern Kinder waren, da hat sich fast keiner um die Umwelt gekümmert. Sie wußten damals noch gar nicht, daß die Umwelt in Gefahr ist. Viele Probleme gab es noch nicht.

● Und so haben sie ein paar schlechte Gewohnheiten angenommen.

● Heute wissen sie's besser, aber die schlechten Angewohnheiten sitzen fest. Weil man sich nur schwer ändert, wenn man erst erwachsen ist.

Aber fall ihnen nicht damit auf die Nerven und erschlag sie nicht damit. Immer Stück für Stück. Dann hören sie zu.

● Sehen heißt lernen, auch für Eltern. Du mußt ein Vorbild sein. Wenn du möchtest, daß bei euch die Sachen fürs Recycling gesammelt werden, dann mußt du damit anfangen. Wenn sie sehen, daß so was wichtig ist für dich, dann machen sie mit.

Was du tun kannst

● So nach und nach kannst du deinen Eltern von ein paar Dingen erzählen, die du hier gelernt hast.

Antwort a. Klar tun sie's. Oder?

120

● Erzähl ihnen, wie wichtig für dich die Zukunft ist, die Zukunft in einer Umwelt, die auch dann noch gesund ist, wenn du groß bist.

● Lobe sie, wenn sie etwas Gutes für die Umwelt getan haben. Jeder freut sich, wenn er gelobt wird.

● Lies zusammen mit deinen Eltern Bücher oder Zeitschriften über Naturschutz.

● Aber das Wichtigste ist: Wir haben nur diese eine Erde. Wenn wir uns alle gegenseitig helfen, dann helfen wir der Umwelt.

Sieh dich um

● Bei Behörden, Ämtern und Bibliotheken findest du Broschüren mit umweltfreundlichen Produkten. Bring sie deinen Eltern mit.

44. Neuigkeiten

Rate mal

Womit kannst du Briefe am besten schreiben?
a) mit Kreide   b) mit einem Kugelschreiber   c) mit Köpfchen

Schlagzeile! Dick! Rot! Riesig! Das mußt du lesen!
Wo? In der Zeitung.
Möchtest du allen Leuten erzählen, wie du die Natur schützen willst?
Warum schreibst du dann nicht an eure Zeitung?

Wußtest du schon

● Jeden Tag erscheinen bei uns in Deutschland 1220 Tageszeitungen mit einer Auflage von über 20 Millionen Stück.

● Und die meisten haben eine Rubrik »Leserbriefe«. Diese Leserbriefe werden von Leuten geschrieben, die ihre Meinung anderen Leuten mitteilen möchten.

● Und die Zeitungen drucken diese Briefe, weil sie wissen, daß es wichtig ist, die Meinung der Menschen zu drucken.

● Fast immer werden diese Leserbriefe von Erwachsenen geschrieben. Aber manchmal schreiben auch Kinder. Und dann lesen die Leute ihre Zeitung besonders genau. Denn Kinder sehen die Welt auf ihre Weise.

Antwort b + c. Köpfchen ist fast noch wichtiger als ein Stift.

Was du tun kannst

● Schreib an eure Lokalzeitung. Erzähl in dem Brief, was du tust, um die Natur zu schützen. Oder erzähl, was du dir wünschst, daß die Leute dazu tun sollen, und warum.

● Fang deinen Brief an mit: *An die Redaktion*, und ans Ende gehört dein Name, deine Adresse und eure Telefonnummer.

● Bitte einen Erwachsenen, daß er dir mit der Adresse von eurer Zeitung hilft. Sie steht bei den Leserbriefen oder im Impressum.

● Wenn die Zeitung deinen Brief nicht druckt, brauchst du noch lange nicht aufzugeben. Schreib weiter. Je öfter du schreibst, desto größer wird die Chance, daß sie deinen Brief abdrucken.

● Und wenn das passiert, dann können ihn viele tausend Leute lesen. Und sie werden etwas dazulernen in Sachen Umweltschutz.

● In der Schule: Vielleicht schreibt ja eure ganze Klasse an die Zeitung.

● Erst kannst du mit allen über Naturschutz reden.

● Dann schreibt ihr den Brief und unterzeichnet alle mit: »Die Klasse . . . der . . . -Schule«.

● Oder jeder schreibt seinen eigenen Brief, und ihr schickt sie alle zusammen in einem dicken Umschlag ab.

45. Vorsagen erlaubt!

Rate mal

Wie klappt Umweltschutz in der Schule am besten?
a) mit Altpapier sammeln   b) mit Altglas sammeln   c) mit Informationen

Wo könntest du noch anfangen, um für den Schutz der Umwelt zu arbeiten? Vielleicht in der Schule? Immerhin hört man Kindern dort zu. Und weil von der Schule Millionen ausgegeben werden für Hefte und Bücher und andere Lehrmittel, warum sollen die Schüler da nicht mitbestimmen.
Wenn ihr die Leute an eurer Schule dazu bringen könnt, etwas für den Naturschutz zu tun, dann ist das mit die beste Sache.

Wußtest du schon

● Die Schulen geben jedes Jahr Millionen für Lehrmittel aus. Und das heißt, sie können eine Menge für die Umwelt tun, wenn sie die richtigen Sachen kaufen. Leider tun sie das nicht immer. Aber das könnt ihr ändern. Und wenn ihr das ändert, tut sich eine ganze Menge.

● Schulen kaufen mehr Bücher als jeder andere im Land. Aber bisher werden wenige Schulbücher auf chlorfreiem oder Recycling-Papier gedruckt.

● Schulen kaufen jedes Jahr tonnenweise Schreibpapier. Aber fast nichts davon ist aus Altpapier.

Antwort: Alle zusammen. Es gibt viele Dinge, die ihr an eurer Schule tun könnt.

● Schulen kaufen Putz- und Handtücher aus Papier, Klopapier gleich kilometerweise. Und wieviel ist aus Altpapier?

● Und wo wir schon bei Klos sind: Haben die Toiletten in eurer Schule eine Spartaste?

Was du tun kannst

● Jeder Schüler und jeder Lehrer kann an die Verlage schreiben, damit sie ihre Bücher und Zeitschriften auf chlorfreiem oder Recycling-Papier drucken. Schreibt vom Nutzen für die Umwelt, und daß Schüler nicht nur *aus* Büchern lernen können, sondern auch *an* Büchern.

● Bittet eure Lehrer und euren Direktor, nur noch Recycling-Papier zu benutzen.

● Habt ihr Computer in der Schule? Auch für den Drucker gibt es Recycling-Papier.

● Nehmt ungebleichtes Papier, wenn es möglich ist. Es gibt zum Beispiel ungebleichtes Haushalts- und Toilettenpapier, und auch Filtertüten gibt es ohne Bleichstoffe.

● Stell eine Liste von wichtigen Sachen für den Umweltschutz zusammen und gib sie in der Klasse und an der Schule herum, damit die anderen Kinder wissen, was sie selbst tun können. Die Liste aber bitte auf Recycling-Papier.

Sieh dich um

● Wann immer dir etwas auffällt, was nicht gut für die Umwelt ist, sag es.

Hat dein Lieblingsrestaurant schneeweißes Toilettenpapier, dann sag es dem Kellner auf eine nette Art und Weise. Vielleicht denkt er darüber nach und kann sogar etwas ändern.

46. Das Recycling-Center

Rate mal

Was macht man am besten mit einer leeren Colaflasche
a) Fußball spielen   b) auf dem Kopf balancieren   c) recyceln oder beim
Händler abgeben

Wir haben schon über Abfall-Recycling und Abfallvermeidung gesprochen, übers Energiesparen und was du sonst noch tun kannst, um deine Umwelt zu schützen.

Wo bist du die längste Zeit am Tag? In der Schule. Zusammen mit Hunderten und Tausenden von Schülern und mit den Erwachsenen, die dort arbeiten. Und es gibt Tausende von Schulen im Land. Wenn die sich alle zusammen anstrengen, was die dann für die Umwelt tun könnten. Stell dir das mal vor!

Eine gute Möglichkeit, alle Schüler und Lehrer ranzukriegen für den Umweltschutz, ist ein Schul-Recycling-Center.

Wußtest du schon

● Jeden Tag werden bei euch an der Schule viele tausend Seiten Papier benutzt. Aber solange ihr kein Recycling-Center habt, wird das ganze Papier weggeworfen.

● Jeden Tag werden bei euch an der Schule viele hundert Milchtüten verkauft. Die Tüten sind aus Wachspapier, Alufolie und Kunststoff, die kann man nicht recyceln. Und bis sie vergammelt sind, braucht es 400 Jahre, schätzt man.

Antwort b. Auf dem Kopf balancieren ist wirklich am besten. Stimmt's etwa nicht?

Aber Glasflaschen kannst du immer wieder benutzen. Warum stellt ihr eure Schulmilch nicht auf Glasflaschen um? Sprecht mal mit eurem Rektor.

● Gibt's bei euch Limo- und Cola-Automaten an der Schule? Kommen da Dosen raus oder Flaschen? Dosen können nur recycelt werden. Flaschen kann man wiederverwenden. Pfandflaschen werden gewaschen und wiederverwendet, jede Flasche ungefähr 50mal.

Was du tun kannst

● Sag eurem Lehrer, ihr wollt ein Recycling-Center aufmachen. Das wird ein prima Projekt-Unterricht, und Umweltschutz ist es außerdem.

● Vielleicht organisiert ihr einen Wettbewerb mit anderen Klassen. Mal sehen, wer die besten Ideen hat, damit die ganze Schule mitmacht.

● Für ein Schul-Recycling-Center braucht ihr eine Ausrüstung.

● Fragt euren Rektor und die Stadtreinigung, vielleicht bekommt ihr ein paar Sammelcontainer für Glas und Metall und Papier auf euren Schulhof.

● Wenn nicht, dann braucht ihr große, stabile Pappkartons oder noch besser Holzkisten für all die Dosen und Flaschen und das Papier. Pappkartons müssen im Trocknen stehen, sonst weichen sie im Regen auf.

● Für volle Kartons und Kisten braucht ihr einen Lagerplatz.

● Jeder Karton, jede Kiste muß gekennzeichnet werden, damit man weiß, was hineingehört und was nicht. In den Glas-Container zum Beispiel gehören keine Schraubverschlüsse.

● Und dann muß die ganze Sammlung ja irgendwie vom Hof zum Altwarenhändler. Entweder holt der Händler die Sachen selber ab, aber wenn nicht, dann müßt ihr einen Fahrdienst organisieren.

● Außerdem könnt ihr einen Komposthaufen anlegen.

● Und der Sondermüll? Giftige Batterien, Farben und Lacke mit giftigen Lösungsmitteln, alte Medikamente, Chemikalien und so weiter? Jede Stadt hat eine Sondermüll-Stelle, da werden diese Sachen gesammelt. Man muß nur wissen wo. Deshalb könnt ihr Anschläge machen in der Schule, wo man Sondermüll abgeben kann und was dort alles gesammelt wird.

● Und ihr könnt für eure Arbeit auch Reklame machen. Schreibt an die Zeitung, ans Fernsehen, malt Plakate. Und andere Schulen? Macht mal einen Wettbewerb, wer das meiste sammelt.

47. Ein Loch ist im Himmel

Rate mal

Was ist schuld am Ozonloch?
a) Schaumstoffe   b) Spraydosen   c) Kühlschränke

Am Anfang des Buches haben wir über das Ozonloch gesprochen, dann nicht mehr. Aber nicht etwa, weil das Ozonloch unwichtig wäre. Es ist eins der größten Probleme für uns Menschen und für die Zukunft. Denn die löchrige und von Jahr zu Jahr dünnere Ozonschicht ist nicht so einfach in den Griff zu kriegen. Das braucht viel Arbeit und auch Zusammenarbeit. Wir alle müssen mithelfen. Willst du?

Was du tun kannst

● Die Ozonschicht wird zerstört durch Stoffe, die heißen FCKW (Fluorchlorkohlenwasserstoffe, wenn du's genau wissen willst), und die sind in Kühlschränken, Gefriertruhen, in Isoliermaterial, Spraydosen, Feuerlöschern und Hartschaum-Behältern.
● Ich glaube nicht, daß die Erwachsenen diese FCKW weiter herstellen würden, wenn sie wüßten, daß sie die ganze Menschheit damit gefährden.
● Und wenn die Kinder sich zu Wort melden, Kinder wie du und deine Freunde, und ihnen sagen, daß sie das ändern müssen, dann seid ihr an einer ganz wichtigen Sache dran.
● Also erzählt die Sache mit dem Ozonloch. Das ist auch ein Weg, die Umwelt zu schützen.

Antwort: Alle. Aber es gibt schon harmlose Ersatzstoffe.

48. An alle Großkopfeten!

Rate mal

Wie fängst du einen Brief an den Bundeskanzler am besten an?
a) Hallo! b) Sehr geehrter Herr Bundeskanzler! c) Wie geht's, Alter?

Möchtest du mal mit dem Bundeskanzler reden? Oder mit dem Bundespräsidenten? Du wirst vielleicht im Leben nicht mit ihnen reden, aber trotzdem kannst du ihnen sagen, was du über den Umweltschutz so denkst. Wie das geht? Mit einem Brief. Präsidenten, Abgeordnete und andere wichtige Leute wollen wissen, was Menschen wie du und ich so denken, damit sie auch die richtige Politik machen können. Du kannst für dich schreiben, aber es kann auch die ganze Klasse oder die ganze Schule schreiben.
Schreib im Namen unserer Umwelt, sie kann es nicht.

Was du tun kannst

● Schreib an den Bundespräsidenten. Adresse:
     An den
     Bundespräsidenten
     Villa Hammerschmidt
     5300 Bonn

● Oder an den Bundeskanzler.
Adresse:
     An den
     Bundeskanzler
     Bundeskanzleramt
     Adenauerallee 139–141
     5300 Bonn 1

Antwort b. Das ist die korrekte Anrede.

● Oder an den Bundesumwelt-
minister. Adresse:
An den
Bundesminister für Umwelt,
Naturschutz und Reaktorsicherheit
Kennedyallee 5
5300 Bonn 2

● Schreib an den Präsidenten der
Vereinigten Staaten von Amerika:
President of the United States
of America
The White House
Washington DC 20501
USA

Sieh dich um

● Wenn du an jemanden schreiben möchtest und weißt die
Adresse nicht, wende dich an die
Umweltschutzorganisationen. Die
kennen sämtliche Adressen.
Besonders schwierig ist es mo-
mentan mit der ehemaligen So-
wjetunion (GUS). Darum können
wir dir hier keine Adresse nennen.

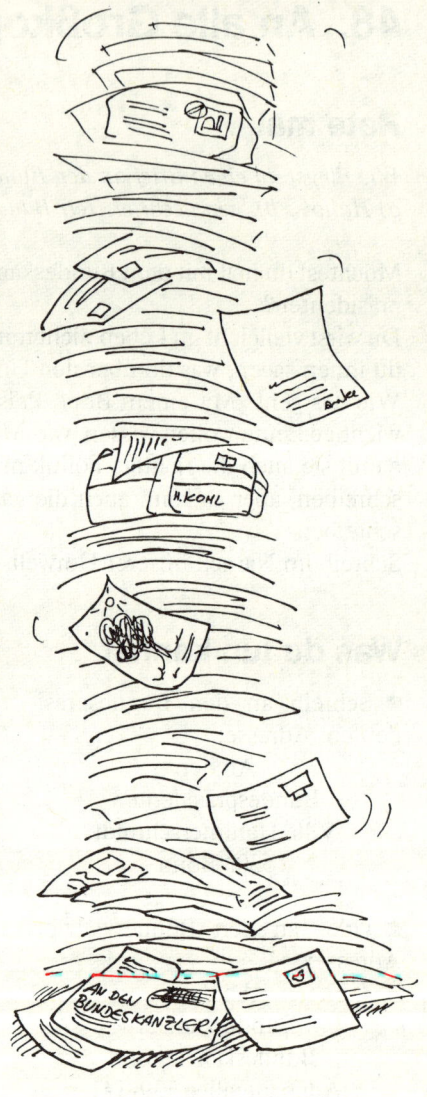

49. Mitmischen!

Rate mal

Wie viele Organisationen möchten die Umwelt schützen?
a) keine   b) drei oder vier   c) Tausende

Sorgst du dich wirklich um die Umwelt? Und möchtest du zusammen mit Leuten etwas tun, denen das genauso geht? Warum tust du's dann nicht? Du kannst dir ein Schild auf die Brust pappen mit der Aufschrift: »Naturschutz, ja bitte. Ansprechen erwünscht.« Oder du kannst jeden auf der Straße ansprechen und mit ihm über Umweltschutz reden. Aber es geht auch einfacher. Du kannst zu einer Umweltschutzorganisation gehen. Das sind Leute genau wie du. Die sich um die Umwelt sorgen, genau wie du. Die schuften ganz schön für unsere Umwelt, und sie freuen sich über jeden, der kommt und mithilft.

Wer sie sind

Manche Organisationen haben ihre Spezialgebiete, so wie Tierschutz, Schutz der Meere oder Waldschutz. Andere wieder kümmern sich um alles, was dem Umweltschutz dient. Sie sind alle ganz wichtig, und ein paar solltest du kennen.

Was du tun kannst

● Hier ist eine Liste von Umweltschutzgruppen. Es gibt noch viel mehr, aber diese hier haben alle Jugendgruppen, und es gibt sie fast überall.

● Schreib hin, dann bekommst du die Adresse der Jugendgruppe bei euch in der Nähe. Und sicher auch was zu lesen über die Arbeit der Organisationen.

Und wenn dir die Arbeit der Gruppe zusagt und du mitmachen willst, dann geh einfach hin. Und wenn es dir gefällt, dann kannst du sicher etwas auf die Beine stellen mit all den anderen.

Antwort c. Es gibt Tausende von Gruppen, große und kleine, die für den Umweltschutz arbeiten.

Sieh dich um

BUND-Jugend
Im Rheingarten 7
5300 Bonn 3

Naturschutzjugend
Königsträßle 4
7000 Stuttgart 70

Umweltstiftung
WWF Deutschland
Panda-Ranger
Hedderichstr. 110
6000 Frankfurt am Main 70

Du kannst auch gemeinsam mit einigen Freunden ein Greenteam bilden. Und dann nimmt man sich eine Sache vor, um die man sich kümmern will. Weitere Informationen zum Greenteam bekommst du bei

GREENPEACE e.V.
Vorsetzen 53
2000 Hamburg 11

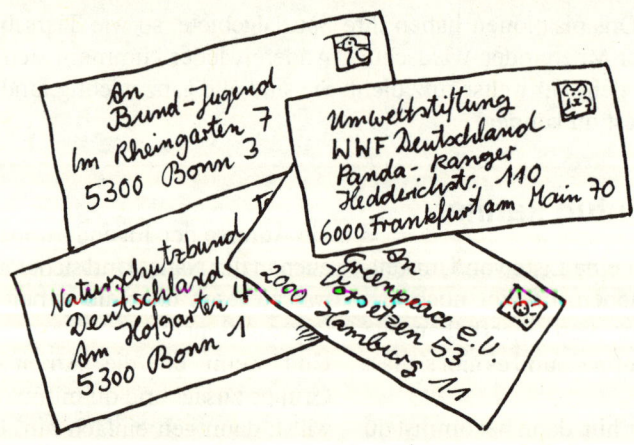

50. Reden ist Silber – Schreiben ist Gold

Rate mal

Was sollte man machen, wenn man sich über jemanden ärgert?
a) gar nichts   b) es sagen   c) Rollschuh laufen

Rollschuh laufen hilft vielleicht auch – aber es ändert nichts. Darum sag, wenn dich etwas ärgert oder schreib es.

Wenn deine Lieblingsbonbons fünfmal eingepackt sind und du dich über den ganzen Müll ärgerst, wenn es deinen Lieblingssaft nur in Einwegflaschen gibt – dann schreib an die Hersteller. Versuche die Adresse herauszubekommen. Bei großen Firmen reicht meist der Name und die Stadt, falls du die Straße nicht herausfinden kannst.

Schreib den Leuten, daß du die Produkte sehr gerne magst, aber den Müll nicht und ob sie das nicht ändern wollen. Und wenn es dich ärgert, daß ihr keine Metall-Container in eurer Gegend habt oder keine guten Radwege, dann schreib das deiner Gemeinde.

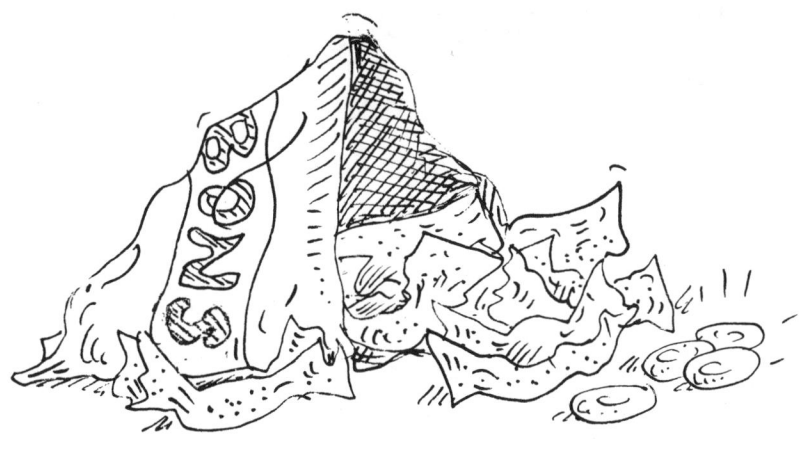

Antwort b. Genau das solltest du tun.

Wenn es in eurem Häuserblock zwar einen Hinterhof gibt, aber keinen Komposthaufen, dann frag deine Eltern, ob ihr nicht dem Vermieter schreiben wollt. Fragt die Nachbarn, was sie von der Kompostidee halten, vielleicht könnt ihr gemeinsam etwas organisieren.

Du weißt jetzt, wie man der Umwelt helfen kann. Versuch andere aufmerksam zu machen. Reden und Schreiben – das sind die Zauberworte. Die meisten Leute sind dann schnell bereit, etwas zu machen, und du kannst den Anstoß geben.

Öko-Experimente

Öko-Experiment 1
Zu Erde sollst du werden

Manche Sachen sind »biologisch abbaubar«, das heißt, sie verwandeln sich wieder zu Erde. Aber welche sind das, und welche nicht? Dies Experiment hilft dir, das herauszufinden.

Was du dazu brauchst

- einen abgegessenen Apfel
- ein Salatblatt
- eine Kunststofftüte
- ein Stück Hartschaum
- eine kleine Schaufel

Was du tun mußt

1. Such einen Platz, wo du ein paar Löcher graben darfst.

2. Und dann grab vier Löcher.

3. Leg den abgegessenen Apfel in ein Loch, das Salatblatt in das nächste Loch, den Kunststoff ins nächste und den Hartschaum in das vierte Loch.

4. Und jetzt schaufelst du die Löcher wieder zu.

5. Merk dir den Platz genau, damit du ihn wiederfindest. Schatzgräber malen zur Sicherheit immer eine Karte.

6. Warte einen Monat. Dann gehst du hin und gräbst nach. Was findest du wieder?

Große Entdeckung

● Salatblatt und Apfel sind »biologisch abbaubar«. Sie werden wieder zu Erde. Sie sind jetzt als

Dünger im Boden und helfen anderen Pflanzen beim Wachsen, dem Gras vielleicht oder einem Apfelbaum oder einem Kopf Salat.

● Die Kunststofftüte und der Schaumstoff sind zwar aus Bodenschätzen gemacht, aber jetzt sind sie Stoffe, die nicht wieder zu Erde werden.

● Was ist also besser für uns und für die Umwelt? Holen wir nicht viel zu viele Bodenschätze aus der Erde und machen daraus Sachen, die nicht mehr rückgängig zu machen sind?

Öko-Experiment 2

Direkt aus der Erde

Wir haben schon über gutes, sauberes Wasser gesprochen und wie es verschmutzt wird. Hier kannst du sehen, was dann passiert, mit uns und mit anderen Lebewesen.

Was du dazu brauchst

- ein Glas voll Wasser
- einen Stengel Sellerie
- rote oder blaue Tinte

sich im Wasser ausbreiten und alles verfärben. Schadstoffe breiten sich genauso aus.

Was du tun mußt

1. Schneide den Sellerie-Stengel unten frisch an.

3. Stell jetzt den Stengel Sellerie ins Glas. Und stell dir mal vor, das ist ein Baum oder jemand, der gerade Wasser trinkt. Laß den Stengel ein paar Stunden im Glas.

4. Dann nimmst du den Stengel aus dem Glas. Spalte ihn der Länge nach auf. Da siehst du, wie die Tinte den Stengel hinaufgezogen ist.

2. Tropfe etwas Tinte ins Wasserglas. Und stell dir vor, das sind Schadstoffe. Sieh dir an, wie sie

Große Entdeckung

● Wer das Wasser verschmutzt, verschmutzt genauso die Pflanzen. Was wir mit dem Wasser machen, das machen wir mit uns selbst und allen anderen Lebewesen. Pflanzen nehmen Wasser aus dem Boden auf und die Schadstoffe gleich mit. Wer Wasser aus dem Boden holt, der holt oft auch Schadstoffe mit herauf.

Öko-Experiment 3
Die Smog-Meßanlage

Über Luftverschmutzung nur zu reden, das ist leicht. Schwieriger ist es schon sich vorzustellen, was Luftverschmutzung für Menschen, Tiere und Pflanzen bedeutet. Und dieses Experiment zeigt es.

Was du dazu brauchst

- acht neue Gummibänder
- zwei Kleiderbügel (die dünnen Drahtdinger aus der Reinigung)
- eine große Kunststofftüte
- ein Vergrößerungsglas

Was du tun mußt

1. Jeden Kleiderbügel biegst du zu einem Rechteck.

2. Vier Gummibänder spannst du über jeden Kleiderbügel. Wenn sie nicht richtig festsitzen, mußt du den Kleiderbügel noch etwas aufbiegen.

3. Häng einen Kleiderbügel draußen auf. Aber er muß den ganzen Tag im Schatten hängen, das ist wichtig.

4. Den anderen Kleiderbügel steckst du in eine Kunststofftüte, bindest die Tüte oben zu und legst sie in den Schrank.

5. Eine Woche warten.

6. Wenn die Woche rum ist, dann sieh dir die Gummibänder an, die du draußen aufgehängt hast. Sind sie rissig oder sogar kaputt? Nimm das Vergrößerungsglas und sieh sie dir genau an.

7. Vergleiche die Gummibänder von draußen mit denen von drinnen. Dazu mußt du sie gleich weit spannen. Merkst du einen Unterschied?

8. Wenn die Gummibänder von draußen noch in Ordnung sind, häng sie wieder für ein paar Wochen draußen hin. Probier, wie sie danach aussehen.

Große Entdeckung

● Wenn du in einer Gegend wohnst, wo die Luft sauber ist, dann dauert es Monate, bis die Gummibänder schlapp und rissig sind. Aber in einer Gegend mit stark verschmutzter Luft sind die Gummibänder nach ein paar Wochen hin. Das kommt, weil der Smog, die Luftverschmutzung, sie zerfressen hat.

● Verschmutzte Luft ist schlecht für die ganze Umwelt. Sie schädigt Tiere, Bäume, die Ernte auf dem Feld und die Menschen, genauso wie die zerfressenen Gummibänder.

Öko-Experiment 4
Sauer macht häßlich

Du hast über sauren Regen gelesen und wie schädlich der für Wald und Wasser ist. Hier probieren wir aus, was er mit den Pflanzen macht.

Was du dazu brauchst

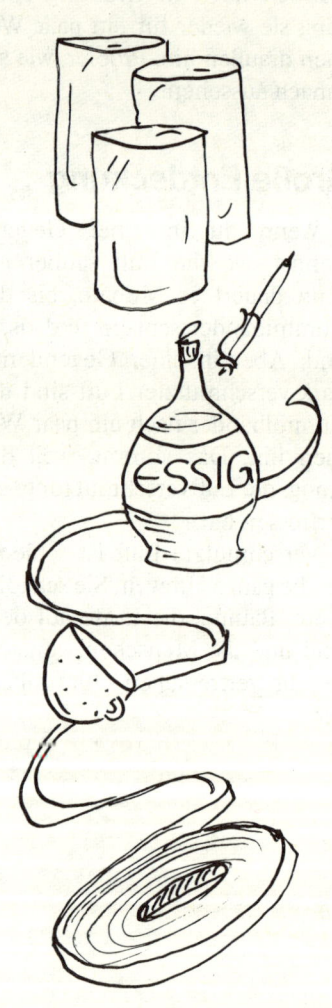

- drei große Schraubdeckel-Gläser, etwa 1 Liter Inhalt
- eine Tasse
- drei kleine Topfpflanzen, von denen zwei ihr Leben opfern »im Dienste der Wissenschaft«
- eine Flasche Essig
- 6 Stück Klebestreifen als Etiketten
- einen Kugelschreiber

Was du tun mußt

1. Schreib auf zwei Klebestreifen »wenig Säure«.

2. Eine Vierteltasse Essig abmessen, in ein Schraubglas schütten und das Glas mit Wasser auffüllen.

3. Auf dieses Glas klebst du einen der beiden Klebestreifen, den anderen auf einen der Blumentöpfe.

4. Schreib auf zwei Klebestreifen »viel Säure«. Dann wiederholst du Punkt 2 und 3, nimmst diesmal aber eine volle Tasse Essig.

5. Schreib »Trinkwasser« auf die

letzten beiden Klebestreifen. Kleb sie auf das dritte Glas und den letzten Blumentopf. Und dann füllst du das Glas mit Leitungswasser.

6. Stell die Pflanzen dicht nebeneinander aufs Fensterbrett, da haben alle gleichviel Licht.

7. Wenn die Pflanzen Wasser brauchen, so alle 2 bis 4 Tage, dann gießt du jeden Topf nur aus dem Glas mit derselben Aufschrift. Zähl die Tage, bis du die erste Veränderung siehst bei den Pflanzen.

Und was passiert. Unterschiede in der Farbe?

Große Entdeckung

● Je mehr Säure im Gießwasser ist, desto schneller stirbt die Pflanze. Genauso ist es in der Natur, wenn saurer Regen vom Himmel fällt. In unserem Experiment geht das schneller, weil das Gießwasser saurer ist als der saure Regen. Aber auch der Regen wird immer saurer. Das muß aufhören.

Öko-Experiment 5
Der Müll-Restaurant-Detektiv

Wenn du in ein Schnell-Restaurant gehst und dir einen Hamburger mit Pommes holst, ist dir schon aufgefallen, was du alles dazukriegst? Nein, nicht die Gurkenscheiben, die Salatblätter oder die Soße. Ich meine die Deckel-Becher und Schalen und Hartschaum-Deckel-Dosen und Kunststoffgabeln und Kunststofflöffel, also das ganze Zeug, das nach dem Essen in den Eimer wandert. Das wollen wir uns mal genauer ansehen.

Was du dazu brauchst

- Freunde
- etwas Geld zum Essenkaufen
- eine Liste aller Schnell-Restaurants in der Nähe

Was du tun mußt

1. Für dieses Experiment brauchst du das Essen aus verschiedenen Schnell-Restaurants. Also kauft jede(r) aus eurer Forschungsgruppe das Essen in einem anderen Laden. Aber ihr müßt alle das gleiche kaufen, nur dann könnt ihr Hamburger mit Hamburgern vergleichen, Pommes mit Pommes und Süßspeise mit Süßspeise.

2. Also, jetzt geht's los. Nacheinander alles einkaufen und getrennt verpacken. Aber wirklich alles mitnehmen, Becher, Servietten, Salztütchen, Kunststoffgabeln und

Kunststofflöffel, Hartschaum-Kartons für Hamburger und Pommestüten und so weiter.

3. Zu Hause packt ihr alles auf verschiedene Teller und schüttet in Gläser um. Und den Abfall stellt ihr immer zu dem jeweiligen Teller. Essen und Abfall von jedem Schnell-Restaurant schön für sich. Das ist ganz wichtig.

4. Jetzt habt ihr den großen Überblick. Ihr seht sofort, wer euch, zusammen mit dem Essen, den meisten Abfall verkauft hat. Hättest du gedacht, daß es so viel ist? Stell dir vor, Millionen Leute kaufen sich dieses Essen – und bekommen genauso viel Abfall mitgeliefert. Und das jeden Tag. Eine Riesen-Verschwendung.

Große Entdeckung

● Wir machen eine Menge Müll, auch wenn wir gar nicht daran denken. Aber was können wir dagegen tun?
Na, zum Beispiel mit dem Essen im Schnell-Restaurant aufhören. Aber wenn's schmeckt? Was dann?
Wir könnten dorthin gehen, wo wir den wenigsten Müll mitkaufen müssen. Oder wo der Müll recycelt wird.
Aber wenn dort das Essen nicht so gut schmeckt? Was dann?

Da siehst du mal, wenn man die Wahl hat, ist das so eine Sache. Wenn wir auf der einen Seite die Umwelt schützen wollen, müssen wir uns anderswo einschränken. Aber – haben wir denn überhaupt die Wahl?
Wie wär's, wenn du mal gemeinsam mit deinen Freunden etwas kochst. Bringt doch viel Spaß!

Öko-Experiment 6
Recycling-Papier, aber selbstgemacht

Wie Recycling-Papier gemacht wird, lernst du am besten beim Selbermachen.

Was du dazu brauchst

- drei Seiten der Zeitung von gestern
- eine dicke alte Zeitung
- einen Mixer oder Schneebesen
- eine Schüssel
- fünf Tassen Wasser
- eine rechteckige Wanne
- ein Fliegengitter, das in die rechteckige Wanne gerade hineinpaßt
- einen Meßbecher
- ein Brett, etwa so groß wie eine Zeitungsseite.

5. Füll die Wanne drei Zentimeter hoch mit Wasser.

6. Leg das Fliegengitter auf den Wannenboden.

Was du tun mußt

1. Reiß die drei Seiten Zeitung in kleine Schnipsel.

2. Füll sie in die Schüssel.

3. Schütte die fünf Tassen Wasser dazu.

4. Verrühr das Wasser und die Schnipsel mit einem Schneebesen oder Mixer, bis ein Brei entsteht. Dieser Brei heißt Ganzzeug, auch wenn er nicht mehr ganz ist.

7. Schütt etwa eine Tasse voll Ganzzeug auf das Fliegengitter und verteile es gleichmäßig mit der Hand.

8. Heb das Fliegengitter langsam an und laß das Wasser abtropfen.

9. Schlag die Zeitung in der Mitte auf.

12. Leg das Brett auf die Zeitung und preß damit das Wasser aus dem Ganzzeug. Draufstellen ist gut.

10. Leg das Fliegengitter mit dem Ganzzeug in die Zeitung, dann mach sie zu.

11. Dann dreh die ganze Zeitung vorsichtig um. Ganz wichtiger Schritt. Jetzt liegt das Fliegengitter oben auf dem Ganzzeug.

13. Schlag die Zeitung wieder auf und nimm das Fliegengitter raus.

14. Laß die Zeitung offen liegen und das Ganzzeug einen Tag lang trocknen.

15. Überzeug dich, ob es wirklich trocken ist.

16. Wenn ja, kannst du es vorsichtig von der Zeitung abziehen, dein erstes selbstgemachtes Blatt Papier.

17. Jetzt kannst du auf deinem selbstgemachten Papier schreiben.

Große Entdeckung

● Hast du gesehen, wie leicht das Papiermachen ist? Jetzt wo du das weißt, kannst du Bäume vor dem Abholzen retten und unser Abfallproblem bekämpfen. Du kannst Recycling-Papier machen, und du kannst es kaufen.

Notizen

Entsorgungsplan

Aludosen/Alufolie:
erst prüfen, ob die Dosen aus Alu sind. Das macht man mit einem Magneten (Alu ist nicht magnetisch). Alu kann beim Schrotthändler (ab 1 Kilogramm) entsorgt werden, mitunter kann man es auch im Recycling-Center abgeben. Frag bei der Gemeinde nach.

Batterien:
enthalten oft Quecksilber und Cadmium, darum entweder zur Sammelstelle beim Händler geben (oft gibt es auch bei der Gemeinde Sammelstellen) oder zum Sondermüll.

Bücher:
wenn sie noch gut aussehen, kann man Bücher in Büchereien, Kindergärten, Krankenhäusern, Heimen usw. abgeben oder man verkauft sie auf dem Flohmarkt. Kaputte Bücher kann man zum Altpapiercontainer bringen (eventuell den Buchdeckel lösen, wenn er mit Plastik überzogen ist).

Farben/Lacke/Lösungsmittel:
müssen zum Sondermüll.

Glas:
wenn man nicht gerade alte Gläser für selbstgemachte Marmelade oder fürs Tuschen braucht, kann man leere Gläser und Flaschen in den Altglascontainer bringen. Pfandflaschen werden natürlich beim Händler abgegeben.

Küchenabfälle/Gartenabfälle:

die meisten davon lassen sich kompostieren: ein Komposthaufen im Garten oder Hinterhof oder eine Wurmkiste für den Balkon lassen den Müllberg schrumpfen und werden meist bezuschußt.

Medikamente:

kann man in der Apotheke abgeben oder selbst zum Sondermüll bringen.

Metalle:

in einigen Städten gibt es Container für Weißblechdosen (Gemeinde fragen). Einige Metalle kann man auch beim Schrotthändler abgeben.

Papier:

gehört in den Altpapiercontainer.

Textilien:

kommen zur Altkleidersammlung; Reste kann man auch als Putzlappen verwenden.

Adressen

BUNDjugend
Im Rheingarten 7
5300 Bonn 3

BUNDjugend
Baden-Württemberg
Rotebühlstraße 86 I
7000 Stuttgart 1

BUNDjugend Berlin
Jagowstraße 12
1000 Berlin 21

BUNDjugend Bremen
Schmidtstraße 9
2800 Bremen

BUNDjugend Hessen
David-Stempel-Straße 1
6000 Frankfurt 70

BUNDjugend Niedersachsen
Goebenstraße 3
3000 Hannover

Jugendorganisation
Bund Naturschutz
Theresienstraße 21/III
8000 München 2

BUNDjugend
Nordrhein-Westfalen
Graf-Adolf-Straße 7–9
4030 Ratingen

BUNDjugend Rheinland-Pfalz
Friedrich-Ebert-Straße 10
6522 Osthofen

BUNDjugend Saar
Futterstraße 14
6600 Saarbrücken

BUNDjugend
Schleswig-Holstein
Lerchenstraße 22
2300 Kiel

BUNDjugend Hamburg
Lange Reihe 29
2000 Hamburg 1

Deutscher Jugendbund
für Naturbeobachtung (DJN)
Buchenstraße 18
2000 Hamburg 60

Deutscher Naturschutzring e.V.
Bundesverband für Umweltschutz
Kalkuhlstraße 24
5300 Bonn 3

Deutscher Tierschutzbund e.V.
Baumschulallee 15
5300 Bonn 1

Deutsche Umwelthilfe e.V.
Güttinger Straße 19
7760 Radolfzell am Bodensee

Adressen

Greenpeace e.v.
Vorsetzen 53
2000 Hamburg 11

Naturschutzbund im DBV
Königsträßle 74
7000 Stuttgart 70

Naturschutzbund Deutschland
Am Hofgarten 4
5300 Bonn 1

Naturschutzbund Deutschland
Jugendorganisation
Postfach 141345
4100 Duisburg

Naturschutzjugend im Landesbund für Vogelschutz in Bayern
Kirchstraße 8
8543 Hilpoldstein

Robin Wood
Nernstweg 32
2000 Hamburg 50

Umweltbundesamt
Bismarckplatz 1
1000 Berlin 33

Verein Jordsand zum
Schutze der Seevögel und der
Natur e.V.
»Haus der Natur«
Wulfsdorf
2070 Ahrensburg

Waldjugend Bayern
Baumeister J. Haug Straße 8
8945 Legau

Waldjugend Berlin
Kniehofstraße 62
1000 Berlin 41

Waldjugend Hamburg
Lokstedter Holt 46
2000 Hamburg 61

Hessische Waldjugend
Hersfelder Straße 25
3579 Neukirchen/Knüll

Waldjugend Niedersachsen
Lange Straße 11a
3400 Göttingen

Waldjugend Nordrhein-Westfalen
Hindenburgstraße 74
5600 Wuppertal 1

Waldjugend Rheinland-Pfalz
Beerenstraße 3
5529 Darsburg

Waldjugend Saarland
Am Homerich 16
6694 Martingen

Waldjugend
Schleswig-Holstein
Bahnhofstraße 7
2223 Burg/Dithmarschen

Adressen

WWF Deutschland
Hedderichstraße 110
6000 Frankfurt

Österreich:

Greenpeace e.V.
Mariahilfer Gürtel 32
A-1091 Wien

Österreichischer
Naturschutzbund
Haus der Natur
Arenbergstraße 10
A-5020 Salzburg

Österreichische
Naturschutzjugend
Schillingstraße 45
A-5023 Salzburg

Schweiz:

Greenpeace e.V.
P.O. Box 4927
CH-8022 Zürich

Schweizer Bund Natur
Wartenbergstraße 22
CH-4052 Basel

Notizen

Register

Das geht uns alle an!

UMWELT-
UND NATURSCHUTZ

Sachbücher zum Thema Nr. 1:

UNTERNEHMEN UMWELT

Informative Texte, klare Schaubilder und Fotos, Zahlen und Statistiken erklären allen Wissensdurstigen und Aktionshungrigen die ökologischen Probleme unserer Welt und zeigen Lösungswege auf.
Je 48 S. 4farbig. Ab 14 Jahren.

Es gibt sechs Bücher:
- Frische Luft
- Saubere Energie
- Überleben
- Weniger Müll
- Grüner Wald
- Klares Wasser

NATURSCHUTZ

Diese neue Sachbuchreihe, entwickelt von BBC, beschäftigt sich mit verschiedenen Lebensräumen unserer Welt. Die sorgfältig recherchierten Bücher beschreiben die Schönheit und den Reichtum der Lebensräume und verdeutlichen Zusammenhänge.
Je 64 S. 4 farbig. Ab 10 Jahren.

Es gibt vier Bücher:
- Leben in den Regenwäldern
- Leben in unseren Wäldern
- Leben in Flüssen und Seen
- Leben in den Ozeanen

CARLSEN